역사는 우리의 생활을 조명하는 거울입니다.
따라서 현재를 바라보고 미래를 준비할 수 있는 바탕을 마련해 줍니다.

다시 쓰는 **이야기 세계사** ②

다시 쓰는 이야기 세계사 ❷

2011년 1월 15일 개정 1쇄 펴냄 · 2015년 12월 11일 개정 5쇄 펴냄

펴낸곳 | ㈜ 꿈소담이
펴낸이 | 김숙희
글 | 호원희
그림 | 박승원

주소 | 136-825 서울특별시 성북구 성북동 178-2
전화 | 747-8970 / 742-8902(편집) / 741-8971(영업)
팩스 | 762-8567
등록번호 | 제307-2002-53호(2002. 9. 3)

홈페이지 | www.dreamsodam.co.kr
전자우편 | isodam@dreamsodam.co.kr

ⓒ 우리누리, 2011
ISBN 978-89-5689-723-3 73900
       978-89-5689-721-9 73900 (세트)

● 책 가격은 뒤표지에 있습니다.
● 꿈소담이의 좋은 책들은 어린이와 세상을 잇는 든든한 다리입니다.

다시 쓰는 이야기 세계사 ②

글 호원희 | 그림 박승원

소담 주니어

머리말

　다시 쓰는 이야기 한국사와 세계사 시리즈가 맨 처음 세상에 나온 것은 1994년도예요. 그때 이 책을 읽었던 어린이들은 지금쯤 20대 후반이 되었을 테고, 이미 엄마, 아빠가 된 분들도 있을 거예요. 그 사이 한 차례 개정판을 냈고, 이번에 다시 두 번째 개정판을 내게 됐어요. 이 책에도 나름의 역사가 만들어지고 있는 셈이지요. 이번 책은 또 어떤 어린이들의 손에서 한 장 한 장 넘겨질까 기대가 되네요.

　이 책을 읽을 어린이들에게 한 가지 부탁드릴 것이 있어요. 이 책은 절대 단숨에 읽지 말아 주세요. 이 책의 시작은 지금으로부터 무려 400만 년 전이랍니다. 400만 년의 역사를 단번에 읽어 버린다면 아마 현기증이 나고 소화도 제대로 되지 않을 거예요.

　우리가 역사를 공부해야 하는 이유는 역사에 대한 지식을 쌓기에 앞서서 역사를 이해하기 위해서예요. 무엇이든 스스로의 머리로 생각하지 않고서는 이해할 수 없겠지요?

　그러니까 이 책은 한 줄 한 줄 천천히 읽어 주세요. 일주일도 좋고, 한 달도 좋고, 그보다 더 오래 걸려도 좋아요. 천천히 읽으면서 많이 생각하세요. 이 시대 사람들은 어떻게 살았을까?, 내가 이 시대, 이곳에 태어났더라면 무엇을 했을까?, 이 사람들은 왜 이런 결정을 할 수밖에 없었을까?, 앞으로 또다시 이와 비슷한 일이 일어난다면 어떻게 될까? 등등.

　여러분과 함께 생각을 나눌 이 책의 주인공들을 소개할게요. 좀 덜렁대지만 마음씨 곱고 명랑한 현아, 생각이 깊고 엉뚱한 준호, 똑똑하고 아는 것 많은 현수. 이렇게 세 친구들이 여러분과 함께 할 거예요. 이 친구들과 함께 고민하고 상상하는 동안 여러분의 생각은 좀 더 깊고 넓어질 거예요.

　이 책이 어린이 여러분들에게 읽는 즐거움을 주고 오래 오래 기억에 남을 수 있기를 기원하며…….

호원희

차례

천국에 보내 드립니다 종교 개혁 12

내게 자유가 아니면 죽음을 달라 미국의 독립 전쟁 20

빵이 없으면 과자를 먹지 프랑스 혁명 34

황제 나폴레옹 전쟁 44

한꺼번에 더 많이 만들어 내려면 산업 혁명 54

만병통치약 팝니다 아편 전쟁 62

일본의 선택 일본의 개항과 메이지 유신 74

미국이 두 동강 날 뻔했네 미국의 남북 전쟁 82

사라예보의 총소리 제1차 세계 대전 92

병사들이 총부리를 거꾸로 돌리다 러시아 혁명 100

인도의 독립 투쟁 간디의 불복종 운동 112

검은 목요일, 비극의 화요일 세계 대공황 122

세계사에서 가장 큰 전쟁 제2차 세계 대전 132

산 넘고 강 건너 2만 5천 리 중국 혁명 144

어른과 아이의 싸움, 그러나 승리는 베트남 전쟁 156

차가운 전쟁 냉전과 제3세계 166

달에는 토끼가 살지 않아요 아폴로 11호 달 착륙 176

베를린 장벽은 무너지고 사회주의 국가의 몰락 186

세계의 화약고 중동 걸프전 196

21세기의 출발 세계의 미래 204

부록 213

천국에 보내 드립니다

 종교 개혁

"수리 수리 마하수리 얍!"

일요일에 현아는 마녀 모자를 쓰고 긴 막대기를 들고서 집 안을 뛰어다녔어요.

"핼러윈도 아닌데 웬 마녀 모자야?"

"우리 누나가 요즘 '해리 포터'를 읽고 있거든요. 아주 푹 빠졌어요."

집에 놀러 온 준희 언니가 묻자 현수가 대신 대답했어요.

"언니, 난 마법을 배우고 싶어요. 정말 마법을 가르쳐 주는 학교가 있을까요? 나도 그 학교에 들어가면 얼마나 좋을까? 마법으로 시간 여행도 할 수 있지 않을까요? 그럼 난 옛날로 돌아가서 멋진 성에 살아야지."

"글쎄. 마법이 진짜 있는지는 잘 모르겠는데, 혹시 시간 여행을 하더라도 아주 조심해야 할 거야. 잘못해서 중세 유럽으로 갔다가는 붙잡혀서 화형을 당할지도 모르니까."

이리저리 뛰어다니던 현아가 화형이라는 말에 깜짝 놀라 멈췄어요.

"화형이라고요? 왜요?"

"크리스트교에서는 마녀를 악마로부터 받은 신비한 능력으로 다른 사람들이나 사회 전체에 해를 입히는 사람들이라고 봤어. 16세기부터 17세기까지 유럽에서는 마녀사냥이 진행됐는데, 누구든 마녀라고 고발을 당하면 붙잡혀 가서 재판을 받아야 했지. 온갖 잔인한 고문 때문에 대부분은 자신이 마녀라는 것을 억지로 인정했고, 이렇게 해서 처형당한 사람의 숫자가 어마어마하다고 해."

준희 언니는 계속해서 중세의 마녀재판에 대해 이야기해 주었어요.

"어떻게 교회가 그렇게 잔인하고 말도 안 되는 짓을 저지를 수 있어요?"

이야기를 듣고 난 현아가 분노했지요.

"그것뿐이 아니야. 면죄부라는 것을 팔았던 교황도 있었어."

준희 언니의 이야기는 면죄부에서 종교 개혁으로 이어졌어요.

중세 유럽의 교회들은 로마 교황청을 중심으로 교황과 주교들의 지도를 받았어요. 교회는 종교의 권위를 빌어 서유럽의 정치에도 깊이 관여했지요. 왕과 교황은 때로는 서로 협력하기도 하고 때로는 다투기도 하면서 권력을 나눠 가졌어요.

그러나 중세 말기로 갈수록 힘을 키운 왕들은 교황이 자기 나라에 대해 이래라저래라 간섭하는 것이 싫어졌어요. 도시의 상인들도 교황의 간섭을 받지 않고 자유롭게 장사하고 싶어 했어요. 농민이나 광부들처럼 가난한 사람들도 교회에 불만이 있기는 마찬가지였지요. 교회에서 많은 세금을 거둬 가고 돈 많은 사람들만 천국에 갈 수 있다고 했으니까요.

당시 교회는 하나님의 뜻에 따르지 않고 자기 욕심만 차리는 경우가 많았어요. 그중 하나가 면죄부 판매였지요.

"상자 속에 돈을 던져 넣으면 '땡그랑' 하는 소리와 함께 죽어 가는 죄인의 혼이 천국으로 올라갑니다."

교황은 사람들에게 이렇게 말하며 면죄부를 팔았어요.

하지만 돈을 주고 증표를 산다고 해서 지은 죄가 사라질 리는 없지요. 사실은 교황이 성 베드로 성당을 지으려 하는데 돈이 없으니까 이런 엉터리 말을 했던 거예요.

그러던 1517년 10월 31일, 독일의 비텐베르크 교회 문에 글이 하나 나붙었어요. 교황이 면죄부를 파는 것은 잘못되었다는 것에서부터 시작해 교회의 잘못에 대해 조목조목 비판해 놓은 글이었어요. 이것이 바로 비텐베르크 대학 신학 교수로 있던 마틴 루터가 쓴 〈95개조의 반박문〉이었어요.

루터의 반박문은 곧 독일을 발칵 뒤집어 놓았고 한 달 만에 유럽 전체에 퍼졌어요. 그즈음 유럽에서는 인쇄 기술이 발달했기 때문에 루터의 반박문을 인쇄해서 여러 사람들이 읽어볼 수 있었어요. 독일뿐 아니라 유럽 전

체에 루터의 생각에 찬성하는 사람들이 많았지요.

화가 난 교황은 루터에게 경고장을 보냈어요.

"계속 교회와 교황을 헐뜯는다면 당신을 파문시키겠소."

경고장에는 이렇게 쓰여 있었지요. 파문이란 기독교 교회에서 아예 내쫓아 버리는 것이에요. 중세 사회는 기독교가 중심이었기 때문에 교회에서 쫓겨난 사람은 어디서든 사람대접을 받지 못했어요.

하지만 루터는 교황의 경고에도 아랑곳하지 않았어요. 오히려 그 자리에서 경고장을 불태워 버렸지요. 결국 그는 1520년 파문을 당했고 이듬해에는 독일의 황제도 루터를 독일의 법 밖으로 쫓아내 버렸어요. 법 밖으로 쫓아낸다는 것은 법의 보호를 받지 못하게 한다는 뜻이에요.

그때부터 루터는 황제와 사이가 좋지 않던 귀족의 집에 숨어 지내면서 성경을 독일어로 번역했어요. 그때까지 성경은 모두 라틴어로 쓰여 있었어요. 그러니까 라틴어를 공부하지 못한 평민들은 성경책을 읽을 수 없고, 성경은 성직자들만의 것이었지요. 독일어 성경이 만들어지면서 이제 독일어를 사용하는 사람들은 누구나 직접 성경을 읽을 수 있게 되었어요.

루터와 같이 로마 교회에 반대하는 사람들을 프로테스탄트라고 해요. 로마 교회는 가톨릭이라고 하고요. 루터와 함께 프로테스탄트의 중심이 된 사람은 칼뱅이에요. 프랑스에도 가톨릭에 반대하는 사람들이 생겨났는데 그중 칼뱅은 교회의 탄압을 피해 제네바로 옮겨 가 그곳에서 칼뱅교를 만들었어요.

　종교 개혁은 유럽 각국에서 아주 복잡하게 전개되어 갔어요. 독일의 종교 개혁은 종교에서 끝나지 않고 독일 사회 전체를 뒤흔들어 놓았어요. 그

동안 귀족과 교회의 지배 아래 고통을 받던 기사와 농민들이 잇따라 전쟁을 일으켰고, 가톨릭과 프로테스탄트를 지지하는 귀족들 간에 전쟁이 벌어지기도 했어요.

결국, 1555년 황제는 프로테스탄트를 인정했어요. 이때부터 독일에서는 가톨릭과 프로테스탄트가 함께 활동했지요. 하지만 이후로도 양 종교 사이의 갈등은 쉽게 가라앉지 않았어요.

한편 영국의 종교 개혁은 왕에 의해 이루어졌어요. 마침 영국의 왕 헨리 8세가 왕비와 이혼을 하려고 하는데, 로마 교황청이 이를 허락하지 않았거든요. 1534년, 영국 왕은 이 기회에 로마 교황청과의 관계를 끊고 영국의 교회는 영국 왕이 중심이 되어 운영하기로 했어요. 이렇게 해서 영국의 프로테스탄트인 성공회가 생겨났어요.

"성당과 교회가 어떻게 다른지 궁금했었는데 이제야 알겠네요. 성당이 가톨릭이고 교회가 프로테스탄트죠?"

이야기를 듣고 난 현수가 물었어요.

"맞아. 가톨릭은 천주교라고도 하지."

"그럼 성당에 가면 지금도 면죄부를 살 수 있나요?"

이번에는 현아가 물었어요.

"이후 가톨릭도 많은 변화를 겪어 왔기 때문에 지금은 면죄부 같은 것을 팔 리 없지. 그런데 현아 너 혹시 무슨 죄라도 지은 것 있니?"

준희 언니가 궁금해하자 현아는 준희 언니에게만 들리도록 귀에 대고 살짝 얘기해 주었어요.

"저런! 그런 일이 있었구나. 하지만 그건 면죄부를 사서 해결될 일이 아니라 너 때문에 마음 상했을 그 친구한테 가서 사과하고 화해를 해야 할 일인 것 같은데."

"도대체 무슨 일인데? 나도 좀 알자."

현수가 궁금해서 안달이 났지만 준희 언니는 절대로 말하지 않았어요.

내게 자유가 아니면
죽음을 달라

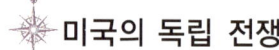 미국의 독립 전쟁

현아가 준호네 집에 심부름을 갔어요.

"어! 준호야, 너 이 시간에 왜 집에 있어? 영어 학원 갔어야 할 시간이잖아."

"응, 나 영어 학원 안 다니기로 했어. 나는 일주일에 세 번, 2시간씩 학원에서 영어 공부를 하고, 학교에서도 수업을 받잖아. 거기다 집에서 숙제하고 예습하고 복습하는 시간까지 생각해 보면 영어 공부에 쓰는 시간이 얼마나 되는지 알아? 하루 24시간 중 12분의 1을 영어 공부에 쓰는 거라고. 아무리 영어가 중요하다고 해도 남의 나라 말일 뿐인데 그걸 배우는 데 내 인생을 너무 낭비하는 것 같아."

현아가 묻자 준호가 길게 설명을 했어요.

"와! 그걸 어떻게 계산했어? 너 참 똑똑하다. 그럼 영어 학원 안 가면 엄마한테 얼마나 혼날지는 계산해 봤어?"

현아의 말에 준호는 그만 입을 다물어 버렸어요. 일을 저지르기는 했지만 뒷감당이 걱정은 되는 모양이에요.

"영어가 무역이나 외교 등에서 많이 쓰이기 때문에 영어 공부를 해야 하는 건 맞는데, 그렇다고 영어만 잘하면 모든 능력이 저절로 생긴다고 착각해서도 안 돼. 언어는 의사소통에 필요한 수단일 뿐이거든."

옆에 있던 준희 언니가 말했어요.

"언니는 영어를 잘하니까 그렇게 편하게 말하지요. 우리는 유치원 때부터 영어 공부하느라고 얼마나 스트레스를 받는지 모른다고요. 도대체 미국 사람들은 왜 영어를 쓰는 거예요? 미국에서도 우리나라 말을 쓰면 좋을 텐데……."

"미국은 영국의 식민지였기 때문에 영어를 쓰는 거야."

현아가 한숨을 쉬자 언니가 대답했어요. 준희 언니는 이어서 미국이 어떻게 해서 생겨났는지에 대해서 설명해 주었어요.

아메리카 대륙이 유럽에 알려진 뒤로 남아메리카는 일찌감치 스페인과 포르투갈이 나누어 가진 데 비해 북아메리카는 주인이 정해져 있지 않았어요. 유럽인들의 눈에 넓디넓은 북아메리카는 주인 없는 땅으로 보였고, 이 땅을 차지하기 위해 앞다투어 식민지 건설에 나섰지요. 영국도 15세기 말에 이미 아메리카 대륙의 동해안에 탐험대를 보냈고, 1606년에는 버지

니아라는 식민지를 세웠어요.

한편, 제임스 1세 때부터 영국은 가톨릭과 청교도 등 성공회 이외의 종교에 대해 탄압을 했어요. 청교도는 칼뱅교를 이어받은 프로테스탄트예요. 견디다 못한 청교도들은 큰 결심을 했어요. 왕의 간섭을 받지 않는 아메리카 대륙으로 옮겨 가서 자유롭게 살아가자는 것이었지요. 그래서 그들은 1620년, 메이플라워라는 배를 타고 북아메리카로 향했어요.

메이플라워호에는 모두 102명이 타고 있었어요. 종교의 자유를 찾아 떠나는 청교도들이 대부분이었지만 아메리카에 가서 큰돈을 벌어보려는 사람들, 죄를 짓고 쫓겨 가는 사람들도 더러 섞여 있었어요. 뱃길은 가도가도 끝이 없이 멀기만 했어요. 두 달이 넘어서야 겨우 북아메리카의 해안에 도착할 수 있었지요. 하지만 어렵게 도착한 아메리카도 처음에는 그리 살기 좋은 곳이 못 되었어요. 메이플라워호가 도착하고 얼마 안 되어 겨울이 닥쳐왔고, 가지고 간 식량도 떨어졌어요. 사람들은 추위와 굶주림으로 하나둘씩 죽어 갔지요. 결국 봄이 찾아왔을 때는 절반 정도의 사람만이 살아 남았어요.

청교도들은 검소하고 성실하며 자신의 직업에 충실하게 살아가는 것만이 하나님을 따르는 것이라고 믿었어요. 그래서 살아남은 사람들은 곧 부지런히 농사를 짓고, 삶의 터전을 가꾸기 시작했어요. 집도 짓고 교회도 마련하고 길을 닦기도 했지요. 이렇게 해서 지금의 매사추세츠 주에 플리머스라는 영국의 식민지가 새로 생겨났어요.

북아메리카의 진짜 주인인 원주민들은 처음에 백인들에게 무척 친절했어요. 먹을 것이 없어 죽어 가는 백인들에게 옥수수를 나눠 주기도 하고 그들이 아주 귀하게 여기는 담배도 주었지요.

메이플라워호 이후로도 많은 사람들이 종교의 자유를 찾아 북아메리카로 몰려들었어요. 이들은 1733년까지 북아메리카의 바닷가를 따라 13개의 영국 식민지를 만들었어요.

　유럽인들은 원주민들에게 배운 담배 농사로 큰돈을 벌 수 있었어요. 담배는 유럽에 없는 물건이라 비싼 값에 팔 수 있었거든요. 그런데 남아메리카에 비해 북아메리카에는 원주민의 수가 적었기 때문에 농장에서 일할 사람을 구할 수가 없었어요. 이런 문제 때문에 노예 무역이 시작되었어요. 유럽인들은 아프리카에서 사람들을 잡아다가 아메리카 대륙에 팔았어요. 이렇게 끌려온 노예들은 아메리카 대륙 곳곳의 농장에서 강제로 일해야 했지요. 이들이 아프리카계 미국인의 시작이에요.

　많은 사람들이 몰려들어 저마다 넓은 땅을 차지하려 했기 때문에 아메리카 대륙에서는 싸움이 끊이지 않았어요. 17세기에서 18세기에 걸쳐 영국은 원수민늘의 땅을 빼앗기 위한 전생을 하는 한편, 프랑스와 진쟁을 벌이기도 했어요. 프랑스도 북아메리카 대륙에 식민지를 만들고 싶어 했으니까 서로 식민지를 더 많이 가지려고 싸웠던 거지요.

　영국이 프랑스와의 식민지 전쟁에서 승리하고 난 뒤의 일이에요. 식민지 사람들을 화나게 하는 일이 일어났어요.

　원래 영국은 식민지마다 총독을 보냈지만 실제로는 거의 대부분의 일을 식민지 사람들끼리 모여서 만든 의회에서 결정하고 있었어요. 총독은 이름뿐이었고 영국 정부도 식민지 일에 간섭하지 않는 편이었지요.

　그러던 것이 18세기 중엽부터는 갑자기 사정이 달라졌어요. 프랑스와의 전쟁에서 승리한 영국은 북아메리카 전체를 직접 지배하기 위해서 식민지의 권리를 제한하고 여러 가지 간섭을 하기 시작했어요. 영국군이 식민지에 배치되고, 군대를 유지하는 데 필요한 비용은 식민지 사람들이 물어야 했지요.

다른 한편으로 돈이 부족해 허덕이던 영국 정부는 식민지에서 많은 세금을 거둬들여 부족한 돈을 채우려 했어요. 처음에는 인지 조례라는 새로운 법을 만들어서 모든 종류의 문서에 세금을 물리려 들었어요. 법률적인 문서는 물론이고, 신문, 졸업 증서, 심지어는 놀이용 카드에까지 세금이 붙었지요.

"우리 버지니아 의회에서는 인지 조례를 통과시킬 수 없습니다. 생각해 보십시오. 우리가 영국 국회에 우리의 대표를 보내고 있습니까? 우리는 영국 국회에 우리의 대표를 보내지도 못합니다. 그런데 그런 국회에서 자기네들끼리 만든 법률에 따라 우리가 세금을 내야 할 이유는 없습니다."

"옳습니다. 이런 터무니없는 세금을 물리는 건 식민지 사람들의 자유를 빼앗는 거라고요."

버지니아 의회는 이렇게 인지 조례를 반대하고 나섰어요. 버지니아뿐 아니라 여기저기서 영국의 식민지 정책에 반대하는 운동이 벌어졌어요.

"대표 없이는 세금을 낼 수 없다!"

식민지 사람들은 이렇게 외치며 식민지 의회의 동의를 받지 못한 인지 조례에 따르지 않았어요. 할 수 없이 영국 정부는 이듬해에 인지세를 없애 버렸어요. 하지만 인지 조례만 없어졌을 뿐 식민지에서 아예 세금을 걷지 않겠다는 것은 아니었지요. 영국 정부는 식민지가 영국 정부의 허락 없이 무역을 할 수 없도록 감시하고, 수입하는 여러 가지 물건에 세금을 붙였어요. 그러자 식민지 사람들 사이에서 영국 물건을 사지 말자는 운동이 벌어졌어요. 이번에도 영국 정부는 세금을 없애 버릴 수밖에 없었지요. 하지만 영국 정부도 무작정 밀릴 수만은 없었어요.

"이러다간 정말 큰일 나겠어요. 식민지에서 세금을 한 푼도 못 거둔다고 생각해 보라고요. 그렇게 되면 여기가 영국의 식민지인지 아니면 독립된 하나의 국가인지 구분이 되겠어요?"

영국 정부에서는 이런 고민을 하고 있있지요.

"그래요. 다 그만 두더라도 차에 대한 세금만큼은 반드시 받도록 합시다. 이건 영국 정부의 명예가 달린 문제라고요."

궁지에 몰린 영국 정부가 내린 결론이었어요.

차는 영국인들이 즐겨 마시는 음료였고, 게다가 동인도 회사에서만 판매할 수 있게 되어 있었어요.

"가만있을 수 없어. 혼을 내 줘야 한다고."

"그래. 홍차에 대한 세금은 바로 식민지가 영국에게 억눌리고 있다는 상징이라고."

식민지 사람들은 화가 나서 씩씩거리고 있었어요.

이렇게 해서 1773년 12월 16일, 보스턴 차 사건이 터졌어요. 그날도 보스턴 항구에는 동인도 회사의 배 세 척이 묶여 있었지요. 항구에 밤이 깊어지자 어디선가 원주민 한 무리가 나타나서는 살그머니 배 위로 올라갔어요. 50여 명이나 되는 원주민들은 동인도 회사의 배에서 무언가를 사정없이 바다로 집어던지기 시작했어요. 그것은 바로 홍차가 가득 들어 있는 상자였지요.

"누구냐?"

"거기 서라!"

경비원들이 소리치자 그들은 금세 어디론가 사라져 버렸어요. 그런데 그 원주민들은 어딘가 좀 이상한 구석이 있었어요. 모두 벙어리인지 말을 한 마디도 하지 않았지요. 게다가 원주민 옷을 입고 얼굴에 물감 칠을 하기는 했지만 자세히 보니 그들의 피부는 흰색이었어요. 그들은 바로 원주민처럼 차린 식민지의 영국인들이었지요.

영국 정부는 보스턴 차 사건에 대한 보복을 시작했어요. 보스턴 항구를 막아 버리고, 매사추세츠 식민지를 직접 다스리겠다고 나섰어요. 영국 본국에서 보낸 군인들이 지낼 숙소를 마련하라는 명령도 했어요. 식민지 사람들도 가만히 있을 리 없지요.

1774년 식민지에서는 각 주의 대표들이 모여 대륙 회의를 열었어요.

"이번에 영국이 제정한 법들은 참을 수 없는 것들입니다. 우리는 참을 수 없는 법들에 맞서기 위해 앞으로 영국과 어떠한 물건도 사고팔지 않을 것입니다."

55명의 대표들은 모두 같은 생각이었어요. 이렇게 해서 1차 대륙 회의는 끝났어요. 하지만 이후로도 상황은 점점 나빠졌고, 식민지 사람들 중에서는 독립을 주장하는 사람들이 나타났어요.

버지니아 의회의 의원이었던 패트릭 헨리는 영국 정부가 버지니아 의회를 없애자 사람들 앞에서 연설을 했어요.

"내게 자유를 주십시오. 그렇지 않으면 내게 죽음을 주십시오!"

그는 이렇게 외치며 영국군에 맞서 전쟁을 하자고 주장했어요.

미국 독립 전쟁의 첫 총소리는 이듬해 4월에 울렸어요. 영국군은 식민지인들이 보스턴 서쪽의 콩코드라는 곳에 무기를 모아 두었을 것이라고 생각하고 그곳으로 향했어요. 그런데 도중에 식민지 군대와 마주쳐 싸움이 벌어졌지요.

5월에 다시 열린 대륙 회의에서는 독립군을 모으기로 결정하고 워싱턴을 독립군의 대장으로 뽑았어요. 버지니아에 큰 농장을 갖고 있던 워싱턴은 아주 늠름하고 이미 전쟁에 참여했던 경험이 있었기 때문이지요. 아메리카 대륙의 곳곳에서 독립군이 만들어져 보스턴으로 모여들었어요.

또 1776년 7월 4일에는 독립 선언서를 발표했어요. 토마스 제퍼슨이 기초

한 독립 선언은 민주주의의 기본적인 원칙을 분명히 보여 준 것이었지요.

"……인간은 누구나 평등하게 태어났으며, 하늘은 인간에게 자신의 생명과 자유, 그리고 행복을 추구할 권리를 주었다. 정부는 인간의 이러한 권리를 보호하기 위해 만들어진 것이므로 정부가 이러한 목적에 어긋나는 일을 할 경우는 새로운 정부를 세울 권리가 있다……."

하지만 안타깝게도 미국 독립 선언 속의 민주주의는 백인들만의 민주주

의였어요. 흑인 노예나 아메리카 원주민들의 권리에 대해서는 한 마디도 쓰여 있지 않았지요.

독립 전쟁은 처음에는 독립군에게 불리했어요. 그러나 1777년 사라토가에서 승리를 거둔 독립군은 차츰 사기가 올라가기 시작했어요. 게다가 프랑스에서도 독립군을 도와주겠다고 나섰지요.

1783년, 13개의 식민지는 모두 독립에 성공했고, 미합중국을 세웠어요. 독립 선언서를 발표했던 7월 4일은 새로 태어난 미국의 독립 기념일이 되었지요. 또 1787년에는 헌법을 만들고, 1789년 첫 대통령으로 독립군 대장이었던 조지 워싱턴을 뽑았어요.

"영국으로부터 독립하기는 했지만 미국은 계속 영어를 사용한 거군요. 미국 말을 새로 만들지 왜 영어를 썼을까요?"

준희 언니의 설명이 끝나자 현아가 물었어요.

"언어는 만들고 싶다고 해서 뚝딱 만들어지는 게 아니잖아. 영어는 게르만 민족의 하나인 앵글로색슨족이 5세기경 브리튼 섬으로 건너가 살면서 생겨난 언어야. 중세까지는 그다지 주목받지 못했고 수준도 낮은 언어였지. 영어가 세계적인 언어로 성장할 수 있었던 것은 근대 이후 영국의 국력이 커지고 식민지가 늘어났기 때문이야. 하지만 그에 앞서서 셰익스피어의 공을 기억해야 하지. 셰익스피어는 문학 작품을 통해 영어를 갈고

닦아서 지금과 같은 아름다운 언어로 성장할 수 있는 기초를 만들어 주었거든."

이야기를 나누는 동안 외출했던 고모가 돌아오셨어요. 현관문이 열리는 소리가 나자 준호는 얼른 방으로 들어가 숨어 버렸지요.

빵이 없으면
과자를 먹지

 프랑스 혁명

　현수가 감기에 걸려서 집 앞 병원에 다니고 있어요. 오늘은 할아버지도 외출하시고 엄마도 시간을 낼 수 없어서 현아가 병원에 따라가야 했어요. 현아는 아무래도 겁이 나서 준희 언니에게 도움을 청했지요. 준희 언니는 흔쾌히 함께 가 주었어요. 심심하다며 준호도 덩달아 따라왔어요.
　"누나, 이 병원 원장 선생님이 우리 반 주완이 아빠다. 주완이는 이다음에 커서 의사가 될 거래. 그래야 이 병원을 물려받을 테니까."
　"그래? 좋겠다."
　병원 대기실에서 현수가 말하자 현아가 부러워했어요.
　"그게 뭐가 좋은데?"
　"이렇게 큰 병원을 물려받으니까 당연히 좋죠."
　준희 언니의 질문에 현아가 대답했어요.

"그 친구는 스스로도 의사가 되고 싶대? 아빠 병원을 물려받기 위해서 의사가 되려는 게 아니라, 자기 자신의 적성이나 희망이 의사냐고?"

"그냥 어렸을 때부터 자기는 당연히 의사가 되어야 한다고 생각했대요. 어른들이 모두 그래야 한다고 하시니까요."

이번에는 현수가 대답했어요.

"다행히 그 친구에게 의사라는 직업이 맞는다면 모르겠지만 그렇지 않다면 얼마나 힘들겠니? 아무리 좋은 직업, 높은 지위라고 하더라도 자신이 원하지 않고 자신의 적성이나 능력에 맞지도 않는 일을 해야 한다는 건 불행한 거야."

"맞아요. 난 왕자로 태어나지 않은 게 천만다행이라고 생각해요. 우리 아버지가 왕이시어서 무조건 왕위를 이어받아야 한다면 내가 정말 하고 싶은 일은 못 했을 것 아니에요."

준희 언니가 말하자 준호가 또 엉뚱한 소리를 했어요.

"그래. 직업이나 신분이 정해져 무조건 아버지의 뒤를 따라야 하는 사회에서는 사람들이 행복하기 어렵고, 그런 점에서 왕도 예외가 아니야. 프랑스의 마지막 왕이자 프랑스 혁명으로 왕좌에서 밀려나 사형당한 루이 16세도 그런 사람이야. 루이 16세는 착한 사람이었지만 나라를 다스릴 만한 능력은 갖추지 못했어. 그가 좋아하는 것은 오로지 두 가지였는데, 하나는 조그만 방에 틀어박혀서 열쇠를 만드는 것, 또 하나는 사냥을 하는 것이었대."

진료 순서를 기다리는 동안 준희 언니는 프랑스 혁명에 대해 이야기해 주었어요.

프랑스는 로마 멸망 이후 게르만 민족이 세운 프랑크 왕국에서 갈라져 나온 나라예요. 중세 프랑스에서는 사람을 세 가지 신분으로 나누었는데 첫 번째 신분은 성직자였어요. 성직자들은 몇 명 되지 않았지만 프랑스 땅의 10분의 1을 차지하고 세금도 내지 않았지요. 그 다음 신분은 귀족이었어요. 귀족도 넓은 땅을 차지하고 정부의 높은 자리에 앉아서 편안하게 살고 있었어요. 그 나머지 사람들은 모두 세 번째 신분인 평민이었어요. 여기에는 상인, 수공업자, 변호사, 지위가 낮은 공무원 등 시민과 농민 노동자들이 포함되지요. 평민들은 열심히 일해도 세금을 내고 나면 먹고살기도 어려울 정도로 가난했어요.

프랑스에는 세 신분의 대표들이 모여서 국가의 중요한 문제를 결정하는 삼부회가 있었어요. 삼부회는 1302년 프랑스 왕이 교황과 싸우고 있을 때, 왕을 돕기 위해 처음으로 개최되었어요. 그 이후로도 왕이 국민들에게 큰돈을 거둬야 할 일이 있거나 그 밖에 나라에 큰일이 있을 때면 가끔 삼부회가 열렸어요. 하지만 삼부회는 각 계급의 입장을 대표하는 역할을 제대로 한 것이 아니라 왕의 말에 고분고분 따르는 편이었지요.

14세기와 15세기에 유럽의 각 나라에서는 교회와 귀족들이 나눠 갖고 있던 권력이 왕에게 집중됐고, 왕은 군대를 튼튼히 해서 다른 나라와 전쟁을 자주 벌였어요. 이 과정에서 왕에게 힘을 보태 줄 수 있는 사람들은 평민들, 그중에서도 상공업으로 돈을 번 시민들이었지요. 왕은 이들의 도움을 받기 위해서 삼부회와 같은 신분제 의회를 만든 거예요.

　왕이 충분히 힘을 얻고 난 다음에는 이런 의회가 귀찮아졌기 때문에 프랑스의 삼부회는 1614년 이후로는 단 한 차례도 열리지 않았어요. 그런데 1789년 루이 16세가 다시 삼부회를 소집했어요. 루이 16세는 계속되는 화려한 궁전 생활과 연이은 흉년, 게다가 미국 독립 전쟁 지원 등으로 돈이 부족했거든요. 세금을 더 거둬들여야 할 텐데 뜻대로 되지 않으니 할 수 없이 국민의 대표들을 불러 모아야 했지요.

　베르사유 궁전에서 회의가 시작되자 각 신분의 대표들은 서로 싸우기 시작했어요. 성직자와 귀족들이 한편이 되고 평민들이 다른 한편이 되었지요. 그러다 평민 대표들은 아예 평민들끼리만 모여서 국민 의회라는 것을 열었어요. 성직자와 귀족의 대표들 중에서도 이 국민 의회에 참여하는 사람들이 더러 있었어요.

　그러자 화가 난 루이 16세는 군대를 보내서 국민 의회의 회의실을 막아 버렸어요.

　"이대로 물러설 수는 없습니다. 우리 헌법이 만들어질 때까지 절대로 흩어지지 말고 여기서 기다립시다."

"네, 맞습니다. 입헌 군주제로 헌법을 바꿔야 합니다. 더 이상 왕이 제멋대로 나라를 다스리게 놔둘 수는 없습니다. 이제부터는 국민의 대표들이 모인 의회에서 법에 따라 나라의 일을 결정해야 해요."

회의실에서 쫓겨난 국민 의회는 실내 테니스장에 모여서 이렇게 다짐했어요. 평민 대표들의 기세에 놀란 왕은 다른 신분의 대표들도 국민 의회에 참가하라고 했어요. 그 뒤 국민 의회는 헌법 제정 국민 의회로 이름을 바꿨어요. 파리 시민들은 바라던 대로 헌법을 만들고 의회 정치를 시작할 수 있으리라는 희망에 부풀었죠.

그런데 그 사이에 왕은 몰래 군대를 불러서 파리를 둘러싸게 했어요. 언제라도 군대의 힘으로 평민들을 억누를 속셈이었지요. 또 평민들 편에 서 있던 재무 장관을 쫓아내기도 했고요.

이 소식을 들은 파리 시민들은 더 이상 참을 수가 없었어요.

"힘에는 힘으로 맞서야 합니다. 파리의 시민 여러분, 우리 함께 일어납시다!"

7월 14일 파리 시민들은 드디어 힘을 합해 일어섰어요. 왕의 군대와 싸워 이기기 위해서는 우선 무기가 필요했지요. 그래서 제일 먼저 화약이 잔뜩 보관되어 있는 바스티유 감옥을 향해 몰려갔어요. 바스티유 감옥을 지키고 있던 군대는 몰려오는 시민들 앞에 쉽게 항복했어요. 이제 파리 시민

들은 손에 손에 무기를 들었지요.

파리에서뿐만이 아니었어요. 농촌에서도 여기저기서 평민들이 귀족을 몰아내고 서류를 불태워 버렸어요. 나라 전체가 극심한 혼란에 빠지자 이 소식을 들은 국민 의회는 성직자와 귀족들이 누리고 있던 권리를 모두 없앤다고 선언했어요. 이제 프랑스의 국민들은 모두 평등해진 것이지요. 그리고 8월 26일에는 인권 선언을 발표했어요. 인권 선언은 모든 사람은 똑같은 권리를 갖고 국가의 주인은 국민이라는 것 등의 내용을 담고 있었어요. 프랑스의 인권 선언은 이후 전 세계의 민주주의 발전에 큰 영향을 끼쳤어요.

그러는 동안에도 파리에서 조금 떨어진 곳에 있는 베르사유 궁전에서는 루이 16세와 앙투아네트 왕비가 여전히 흥청거리며 하루하루를 보내고 있었어요. 바스티유 감옥이 시민들에게 습격을 받던 날에도 루이 16세는 사냥을 하고 있었어요. 사냥에서 돌아온 그는 일기장에 '오늘은 아무 일도 없었다.'라는 한 줄을 썼지요.

또 앙투아네트 왕비는 궁전에서 큰 파티를 열었어요.

"올해는 지독한 흉년이라면서요? 가난한 사람들이 거리에서 빵을 달라고 아우성이래요."

어떤 귀족 부인의 말에 맛있는 과자를 한 입 베어 물던 앙투아네트는 정말 이상하다는 듯이 눈을 깜빡거리며 대꾸했어요.

"빵이 없대요? 그럼 과자를 먹으면 되잖아요."

베르사유 궁전에서 이런 일들이 벌어진다는 소식을 들은 프랑스 국민들은 다시 한 번 분노했어요.

"빵을 달라! 빵을 달라!"

사람들은 이렇게 외치며 행진을 시작했지요.

그래도 루이 16세가 꿈쩍도 하지 않자 시민들은 베르사유 궁전 안으로 들이닥쳤고, 루이 16세는 시민들에게 붙잡혀서 파리로 돌아와 갇혀 지내야 했어요. 그 후 루이 16세는 왕비와 함께 오스트리아로 도망치려다 붙잡혀 다시 파리로 돌아오기도 했어요.

프랑스 혁명은 순탄하게 진행되지 않고 많은 우여곡절을 겪었어요. 특권을 누리고 있던 귀족과 성직자들의 반발은 물론이고 주변 나라들의 방해도 만만치 않았어요. 혁명을 이끈 평민의 대표들 사이에서도 의견 차이가 생겨 서로 다투었고요. 그중에는 왕을 그대로 둔 채 입헌 군주제를 실시하자는 사람도 있었고, 공화제를 실시해야 한다는 사람도 있었지요.

1792년 8월에는 공화제를 주장하던 사람들이 무력으로 파리시를 점령하고 헌법을 만들기 위해 모였던 의회를 해산시켜 버렸어요. 이들은 국민 공회를 만들어서 공화제를 선포했어요. 그리고 재판을 열어 루이 16세에게 사형을 선고했어요. 1793년, 프랑스의 마지막 왕은 단두대에서 사형을 당했지요.

준희 언니의 이야기가 끝나갈 무렵, 현수를 부르는 소리가 들렸어요.

"넌 정말 왕자로 태어나지 않은 게 다행이라고 생각해? 아무리 그래도 난 공주로 태어났으면 좋겠는데."

준희 언니가 현수를 데리고 진료실로 들어간 다음 현아가 말했어요.

"공주로 태어났으면 뭘 하고 싶은데?"

"예쁜 드레스를 입고 파티에 가야지. 그리고 거기서 맛있는 음식을 먹고 이웃 나라 왕자님과 춤을 추는 거야."

준호가 묻자 현아는 눈까지 감고 꿈을 꾸듯이 말했어요.

"공주가 맛있는 음식을 먹고 값비싼 드레스를 입으려면 그 나라 국민들이 그만큼 세금을 많이 내야 하잖아. 난 누군가 나 때문에 고통을 당한다면 그 자리가 아무리 높고 화려하다고 해도 마음이 불편할 것 같아서 싫어. 제대로 된 왕자나 공주라면 나라를 위해 무언가 보탬이 될 만한 일을 해야 한다고 생각해. 그러려면 공부를 아주 많이 해야 할 것 같고. 그냥 평범하게 사는 것보다 훨씬 힘들 것 같아."

"공주도 공부를 해야 한다고? 정말이야? 정말이냐고?"

준호의 말에 현아는 화들짝 꿈에서 깨어나 의심스럽다는 듯이 따져 물었어요.

황제

 나폴레옹 전쟁

일요일 저녁에 현아가 준호네 집 문을 두드렸어요.

"고모, 나 여기서 저녁 먹고 가면 안 돼요? 우리 엄마 잔소리 폭탄이 터졌단 말이에요. 난 이다음에 커서 엄마가 돼도 절대로 우리 엄마 같은 잔소리꾼은 안 될 거야."

현아는 고모한테 허락을 받고 준호네 집에서 놀았어요.

"오빠, 물을 마셨으면 물병 뚜껑을 잘 닫아놔야지. 이렇게 반만 닫아놓으면 다음 사람이 쏟을 수 있잖아."

"준호야, 너는 왜 책을 보고 여기다 던져 놓고 가니? 제자리에 갖다 꽂아야지."

현아는 저녁 내내 준수 오빠와 준호에게 이렇게 끊임없이 잔소리를 늘어놓았어요.

"너 빨리 집에 가. 무슨 애가 그렇게 잔소리가 많니? 귀가 아파 죽겠어."

"내가? 내가 언제 잔소리를 했다고 그래? 다 오빠한테 도움이 되라고 가르쳐 준 것뿐이지. 오빠가 잘못해 놓고서 잘못을 지적 받는 건 싫은 모양이네. 그런 사람은 발전이 없는 법이야."

견디다 못한 준수 오빠가 한마디 하자 현아가 발끈했어요.

"와! 너 정말 외숙모랑 똑같다. 지금 한 말이랑 말투, 표정까지 완전 똑같아."

"흉보면서 닮는다지 않니?"

준호가 감탄하자 고모도 웃으면서 말했어요.

"절대 아니야. 난 잔소리 같은 건 절대 안 한다고. 내가 한 말과 우리 엄마 잔소리는 전혀 달라. 우리 엄마는 같은 말을 또 하고, 또 하고, 귀에 못이 박힐 정도로 계속한단 말이야. 다 아는 것도 꼭 설명을 붙여서 길게 훈계를 하고. 그것도 걸핏하면 짜증을 내면서 말한다고."

현아는 너무 억울해서 얼굴이 빨개질 정도였어요. 그러자 준희 언니가 흥분한 현아를 방으로 데리고 들어가서 며칠 전에 들은 프랑스 혁명의 다음 이야기를 해 주었어요.

왕의 사형이 집행된 뒤 프랑스는 안팎으로 어려움에 빠졌어요. 나라 안에서는 여전히 왕이 나라를 다스려야 한다고 생각하는 사람들이 혁명을 방해하려고 여기저기서 들고일어났어요. 이들을 왕당파라고 불러요. 왕당파는 혁명 이후 지방으로 숨어 들어가 어떻게든 다시 힘을 키울 기회만 엿보고 있었거든요.

나라 밖에서는 혁명이 자기네 나라로까지 번져오지 않을까 걱정하던 유럽의 여러 나라들이 프랑스에 맞서는 동맹을 맺었어요. 영국, 프로이센, 오스트리아 등이 이 동맹에 참가했지요. 루이 16세가 사형을 당하고 나자 곧바로 동맹국의 군대가 프랑스로 쳐들어오기 시작했어요.

이때 국민 공회 내에도 서로 의견이 다른 사람들이 있었어요. 그중 어떤 방법으로든 좀 더 빠르고 철저하게 혁명을 완성하려는 사람들이 온건한 사람들을 밀어내고 혁명 정부를 세웠어요. 혁명 정부는 전쟁에서 이기고 혁명을 지키기 위해서라며 무서운 독재를 휘둘렀기 때문에 이 시기의 정치를 공포 정치라고 불러요. 그 대표적인 인물이 로베스피에르였지요.

한편, 왕당파는 영국과 스페인의 해군을 불러들여 프랑스의 중요한 항구 중 하나인 툴롱과 무기 보관 창고를 내주었어요. 프랑스 육군은 곧 툴롱을 포위하고 맹렬한 공격을 시작했어요. 이때 육군을 지휘한 대장이 바로 나폴레옹이었지요. 나폴레옹의 군대가 대포를 쏘아 항구의 영국 배를 불태우자 영국 해군은 툴롱에서 빠져나갈 수밖에 없었어요.

"나폴레옹이 영국 해군을 무찔렀다."

"나폴레옹이 프랑스 혁명을 지켰다."

나폴레옹은 순식간에 프랑스의 영웅으로 떠올랐어요.

나폴레옹 보나파르트는 코르시카 섬에서 태어났어요. 코르시카는 나폴레옹이 태어나기 바로 얼마 전에 프랑스의 식민지가 된 섬이지요. 나폴레옹은 이 섬에서 자라다가 프랑스로 옮겨 와 사관 학교에 들어갔어요. 사관 학교에 다니는 동안 나폴레옹은 별로 뛰어난 학생이 아니었어요. 공부도 잘하지 못했고, 코르시카 섬의 말씨 때문에 친구들에게 촌놈이라는 놀림을 당했지요.

그 후 나폴레옹은 군인이 되었어요. 프랑스 혁명이 일어나자 그는 곧 정치 모임에 가입했고, 로베스피에르와도 가깝게 지냈어요. 그러던 중 툴롱 항구에서의 전쟁을 승리로 이끌었던 것이지요.

그러니 나폴레옹은 영웅이 되자마자 불쌍한 신세로 떨어지고 말았어요. 로베스피에르가 온건파에게 쫓겨나서 사형을 당했기 때문이지요. 나폴레옹도 로베스피에르 편에 서서 독재를 도운 사람이라고 해서 체포되고 군대에서도 쫓겨났어요.

그러던 중 1795년 왕당파가 파리에서 또다시 전쟁을 일으켰어요.

"이를 어쩌나? 왕당파의 군대를 무찌를 만한 사람이 누구 없을까?"

놀란 의회는 곧 나폴레옹을 생각해 냈어요.

"그래, 맞아. 툴롱 항구에서 영국 해군을 무찌른 나폴레옹을 대장으로 하면 되겠군."

이렇게 해서 나폴레옹은 다시 군대를 이끌고 왕당파와 싸움을 벌여 멋지게 승리를 했어요.

덕분에 나폴레옹은 젊은 나이에 프랑스군 국내 사령관의 자리에 올랐어요. 그리고 이듬해에는 이탈리아로 쳐들어가 오스트리아 군대와 싸워서 다시 한 번 빛나는 승리를 이뤘어요. 나폴레옹은 그곳에서 이탈리아의 정치에도 관여해서 명성을 떨쳤고, 내친김에 오스트리아의 수도 빈 가까이까지 쳐들어갔어요. 프랑스의 혁명을 방해하려는 나라들 중에서도 가장 적극적이었던 오스트리아는 결국 나폴레옹 군대의 공격 앞에서 손을 들고 말았지요.

오스트리아와 휴전을 맺자 이제 남은 적은 영국뿐이었어요. 그러나 영국의 막강한 해군을 상대하기에는 프랑스 해군이 너무 약했어요. 그래서 나폴레옹은 군대를 이끌고 이집트를 공격하기로 했어요. 그때 영국은 인도를 지배하고 있었기 때문에 영국과 인도를 잇는 이집트를 빼앗아 버리면 영국의 힘이 약해질 것이라고 생각했지요.

나폴레옹은 많은 군대를 이끌고 거기에 학자들까지 여러 명 데리고 이집트로 갔어요. 나폴레옹의 군대는 알렉산드리아에 도착해 뜨거운 사막에서 이집트 군대를 무찌르며 카이로까지 쳐들어갔어요. 그러는 가운데 함께 갔던 학자들은 귀중한 문화재와 고대 유물들을 프랑스로 실어 나르기도 했지요. 하지만 나폴레옹의 군대가 이집트에 있는 동안 바다에서는 프랑스 함대가 영국 해군에게 모조리 지고 말았어요. 또 오스트리아도 다시 영국과 손을 잡고 프랑스를 공격하고 있었지요. 그의 군대는 이집트에 갇혀 버린 꼴이 되어 버렸어요.

그즈음 프랑스의 정치는 여전히 혼란스러워 또다시 온건파가 정권을 빼앗긴 상태였어요. 이 소식을 들은 나폴레옹은 혼자서 몰래 이집트를 빠져나갔어요. 파리에 돌아온 그는 동생 루시앙의 도움을 얻어 쿠데타를 일으켰어요. 쿠데타란 군대의 힘으로 정권을 잡는 것이지요.

쿠데타로 통령의 자리를 차지한 나폴레옹은 안으로는 새 헌법을 만들고, 밖으로는 전쟁을 계속했어요. 프랑스군은 다시 오스트리아를 이기고, 영국에게서도 전쟁을 그만 하겠다는 약속을 받아 냈어요. 1802년, 오랜만에 프랑스에는 평화가 찾아왔어요.

"나폴레옹 만세! 나폴레옹이 우리에게 평화를 가져다주었다."

"나폴레옹은 영웅이야. 우리 프랑스의 명예를 빛낸 사람이라고. 이제 유럽에서 프랑스를 넘볼 나라는 아무도 없어."

프랑스 국민들 사이에서 나폴레옹의 인기는 하늘을 찌를 듯 올라갔어요. 나폴레옹은 이제 죽을 때까지 프랑스의 통령을 하게 되었지요. 하지만 그는 여기에 만족하지 않았어요. 황제가 되고 싶다는 욕심이 생긴 거예요.

1804년 때마침 나폴레옹을 암살하려는 왕당파의 음모가 밝혀졌어요. 그의 지지자들은 통령을 암살해서 권력을 잡아보려는 음모를 아예 없애려면

나폴레옹이 황제가 되어야 한다고 주장했어요. 나폴레옹 가문이 대대로 나라를 다스려야 한다는 것이었지요.

마침내 나폴레옹은 성대한 대관식을 거행하고 자기 손으로 왕관을 머리에 썼어요. 루이 16세가 사형을 당한 지 10년 만의 일이에요.

황제가 된 나폴레옹에게는 한 가지 골칫거리가 있었어요. 유럽의 다른 모든 나라들이 나폴레옹 황제를 떠받드는데 영국만이 머리를 숙이지 않는다는 점이었어요. 영국 해군은 워낙 힘이 세기 때문에 프랑스 군대가 섬나라인 영국으로 쳐들어갈 방법이 없었지요. 대신 나폴레옹은 유럽의 다른 나라들이 영국과 무역을 하지 못하도록 막아 영국을 고립시키기로 했어요. 그러자 이에 반발하는 나라들과 영국이 힘을 합쳤고, 프랑스는 다시 이들과 전쟁을 시작했어요.

1812년에 나폴레옹은 50만 명에 가까운 군대를 이끌고 러시아로 향했어요. 영국에 곡식을 수출하고 있던 러시아가 나폴레옹의 명령을 어기고 영국과 무역을 계속했기 때문이에요. 러시아 군대는 계속 후퇴했고, 프랑스군은 모스크바까지 밀고 들어갔어요. 이제 러시아가 나폴레옹의 손아귀에 들어온 것이나 마찬가지였지요. 하지만 뿌듯한 마음으로 모스크바에 도착한 프랑스군은 그만 깜짝 놀라고 말았어요. 모스크바에는 아무도 남아 있지 않았고 큰 불이 나서 도시 전체가 불타고 있었으니까요.

"황제 폐하, 온 도시가 잿더미입니다."

"황제 폐하, 아무리 뒤져도 먹을 것이라고는 아무것도 없습니다."

"황제 폐하, 큰일 났습니다. 날씨가 추운데 병사들이 잠잘 만한 곳조차 없어서 모두 얼어 죽게 생겼습니다."

병사들은 우왕좌왕했어요.

러시아의 황제는 모스크바를 빼앗기고서도 협상에 나서지 않았어요. 결국 나폴레옹은 후퇴를 결정할 수밖에 없었는데 돌아오는 길은 험난하기 짝이 없었어요. 겨울이 닥쳐와서 눈보라는 몰아치고 먹을 것은 하나도 없었어요. 병사들은 하루하루 추위와 굶주림으로 죽어 갔지요. 더군다나 러시아군이 공격해 오기까지 했어요.

황제 나폴레옹조차 타고 올 말이 없어 걸어서 러시아를 빠져나와야 할 정도였어요. 겨우겨우 국경을 넘어서자 이번에는 영국, 프로이센, 오스트리아의 군대들이 기다리고 있었어요.

결국 프랑스는 전쟁에 졌고 1814년 파리를 내주고 말았어요. 파리로 쳐들어온 영국, 프로이센, 오스트리아 군대는 나폴레옹을 체포해서 엘바 섬으로 귀양을 보냈어요.

엘바 섬으로 쫓겨 갔던 나폴레옹은 얼마 후 섬에서 도망을 쳐 다시 파리로 돌아왔어요. 그러고는 황제의 자리를 되찾았지요. 하지만 영국과의 전쟁에서 지고 또다시 세인트헬레나라는 대서양의 조그만 섬으로 귀양을 갔어요. 다시 황제가 된 지 꼭 100일 만이었지요.

"왕을 사형시켜서 민주적인 나라를 만들어 놓고서 다시 황제가 지배하는 나라로 돌아가다니 프랑스 사람들은 너무 어리석어요."

현아가 한숨을 쉬면서 말했어요.

"나폴레옹은 독재를 했지만 민중들이 혁명을 통해 요구했던 여러 가지 개혁을 받아들였고, 전쟁을 통해 프랑스 혁명의 정신을 유럽 여러 나라에 퍼트리기도 했어. 그래도 스스로 황제의 자리에 앉은 것은 역시 역사를 뒤로 돌리려는 어리석은 짓이었지만 말이야."

"얘들아, 밥 먹어라."

준희 언니가 이야기를 계속하는 동안 밖에서 고모가 부르는 소리가 들렸어요.

저녁 식탁에서 현아는 되도록 잔소리를 하시 않으려고 무척 신경을 썼어요. 준호가 소스 병을 식탁 끝에 아슬아슬하게 두었을 때도 딱 한마디만 했어요.

"준호야, 병 떨어질 것 같아."

또 준수 오빠가 밥을 다 먹고 난 뒤에 그냥 일어났을 때도 애써 목소리를 낮춰 딱 한마디만 했죠.

"오빠, 밥그릇 안 치웠네."

한꺼번에 더 많이
만들어 내려면

 산업 혁명

주말에 환경 오염을 막을 수 있는 아이디어를 내서 그림을 그리거나 만들기를 해 가는 숙제가 있었어요. 현아는 물로 가는 자동차를 그렸어요.

"이 자동차는 물만 넣으면 굴러가기 때문에 공기를 오염시키지 않아."

"자동차가 어떻게 물만 넣으면 굴러가? 에너지가 발생해야 갈 수 있는 거지. 이건 내가 만든 자동차인데, 지붕에 태양열을 모을 수 있는 장치를 해 뒀기 때문에 연료를 넣지 않아도 움직일 수 있어."

현수가 상자로 만든 자동차를 보여 주며 말했어요.

"그런데 형은 도대체 뭘 그린 거야? 이건 조선 시대인가? 그런데 이 사람이 들고 있는 건 돌도끼잖아. 그럼 석기 시대야?"

"잘 모르겠어. 인간이 환경을 오염시킨 것은 산업이 발달하면서부터잖아. 그러니까 그 전으로 돌아가면 될 것 같아서 옛날 그림을 그린 거야.

자동차 없이 걸어 다니고, 농사도 사람의 힘만으로 짓고, 물건도 사람의 힘만으로 만드는 거지."

준호가 그림에 대해 설명을 해 주었어요.

"환경 오염을 막는 것도 중요하지만 그렇다고 과거로 돌아가자는 건 좀 억지 아닐까? 산업이 발달하면서 인간은 물질적으로 풍요롭고 평안한 생활을 하게 됐고, 이를 기반으로 발달된 문화를 누릴 수도 있게 되었어. 이런 성과는 고스란히 이어 가면서 산업의 발달이 가져온 문제점들을 해결할 때만 사회가 발전할 수 있는 거잖아."

준호의 그림을 들여다보던 준희 언니가 말했어요. 준희 언니는 이어서 산업 혁명에 대해 이야기해 주었지요.

영국의 시민 혁명은 프랑스에 비해 조용히 진행되었어요. 1649년 청교도 혁명, 1688년 명예 혁명을 거쳐 1689년에 권리 장전이 의회에서 통과되면서 시민 혁명은 마무리되었어요. 이를 통해 영국은 왕이 헌법이 정해 준 내에서만 권한을 갖는 입헌 군주제를 이뤘어요.

한편, 영국은 16세기부터 해외에 식민지를 찾아 나섰고 18세기에 들어서는 식민지가 엄청나게 늘어났어요. 1600년에는 인도에 동인도 회사를 세우고 네덜란드, 프랑스와 경쟁하며 인도와의 무역을 독점하고 있었어요. 동인도 회사가 인도에서 들여오는 물건 중에 면직물은 영국뿐 아니라 유럽 전체를 깜짝 놀라게 했어요. 질 좋은 인도산 면직물 덕분에 면직물 판매량은 엄청나게 늘어났고, 영국 국내에서도 면직물 산업이 발달했어요.

영국의 식민지가 늘어날수록 면직물도 잘 팔려서 물건이 없어 팔 수 없을 지경이었지요. 당시까지는 몇 가지 간단한 도구를 이용해서 사람의 손으로 물건을 만드는 것이 고작이었기 때문에 생산량에 한계가 있었어요. 이것을 수공업이라고 하지요. 이제 영국 사람들은 어떻게 하면 빨리 많은 양의 면직물을 만들어 낼 수 있을지를 고민하기 시작했어요.

옷감은 날줄과 씨줄을 서로 엮어서 만드는 거예요. 그때까지 사용하던 베틀은 한 손에 실이 달린 북을 들고서 날실 사이를 일일이 왔다 갔다 해야 했지요. 그러려면 시간이 무척 오래 걸렸고, 기술도 필요했어요.

랭커셔 지방에서 베틀의 북 만드는 일을 하던 존 케이는 베틀을 좀 더 편리하게 고쳐 볼 궁리를 하고 있었어요. 몇 군데를 뜯어고치기도 하고 새로운 장치를 해 보기도 했지요. 그러다가 1733년에 그는 북이 저절로 움직이는 베틀을 만들어 냈어요. 손으로 북을 잡고 일일이 날실 사이를 왔다 갔다 할 필요 없이 핸들만 돌리면 저절로 줄이 엮이는 자동 베틀이었지요.

자동 베틀을 사용하면 정말로 면직물의 생산량을 두 배로 늘릴 수 있었어요. 하지만 천 짜는 일을 하는 사람들은 이 기계를 사용하려 들지 않았어요. 기계 때문에 일자리를 잃을까 봐 겁이 났던 거죠. 심지어 폭동을 일으켜 존 케이의 집을 습격하기까지 했지요. 존 케이는 프랑스로 피신해야 했고, 자동 베틀은 1760년대에야 제대로 쓰이게 되었어요.

천 짜는 기계가 발명되고 나자 이번에는 실이 부족해졌어요.

"실이 있어야 옷감을 짤 게 아니야. 실이 모자라니 아무리 좋은 기계가 있어도 쓸모가 없어."

면직물을 만드는 사람들은 이렇게 투덜거렸지요.

그때 랭커서 지방에는 실을 만드는 하그리브스라는 사람이 살고 있었어요. 어느 날 그의 딸 제니가 뛰어다니다가 그만 물레를 쓰러뜨리고 말았어요. 물레는 쓰러진 채로도 계속 돌아가고 있었지요. 이것을 지켜본 하그리브스의 머릿속에 뭔가 스쳐 지나가는 생각이 있었어요.

며칠 후, 하그리브스가 급히 아내를 불렀어요.

"우리가 쓰는 물레에는 주가 한 개밖에 없지 않소? 그런데 만약 주를 여러 개 단다면 어떨까? 한꺼번에 많은 실을 뽑을 수 있겠지?"

"정말 그렇군요. 왜 진작 그런 생각을 못 했을까요?"

하그리브스의 말을 듣고 아내도 무척 기뻐했지요.

"전에야 이렇게 많은 실이 필요하지 않았으니까 추 하나로 뽑아내도 충분했지. 그러니까 이런 생각을 못 했던 거야."

하그리브스는 1764년, 여덟 개의 추가 달린 새로운 물레를 만들었어요. 이 물레는 딸의 이름을 붙여서 제니 방적기라고 불렀어요. 방적기란 실을 만드는 기계라는 뜻이에요. 자동 베틀과 마찬가지로 제니 방적기도 처음에는 노동자들이 사용하지 않다가 한참이 지난 뒤에야 쓰이기 시작했어요.

하지만 자동 베틀과 제니 방적기로 아무리 열심히 일을 해도 여전히 옷감은 부족했어요. 사람들은 또다시 더 좋은 기계를 만들어 내려고 고민하기 시작했지요.

아크라이트라는 이발사는 기계를 무척 좋아하는 사람이었어요. 이발하는 것보다는 무언가 새로운 것을 발명해 내는 데 더 관심을 갖고 있었지요. 어느 날 그는 제니 방적기를 보고서 이런 생각을 했어요.

"그것 참 잘 만들었군. 하지만 이 물레로 일을 하려면 무척 힘이 들겠는걸. 사람의 힘이 아니라 뭔가 다른 힘으로 물레를 돌리면 어떨까?"

이발소로 돌아온 그는 제니 방적기를 고쳐서 수력 방적기를 만들었어요. 물의 힘으로 돌아가는 물레였지요. 아크라이트의 뒤를 이어 크럼프턴이라는 사람은 뮬 방적기를 만들었어요. 뮬 방적기는 수력 발전기보다도 한 단계 더 발전된 것이었지요.

옷감을 짜는 기계도 계속 발전해 갔어요. 1785년 카트라이트라는 목사는 말의 힘을 이용한 직조기를 만들어 냈어요. 이 때문에 사람의 힘이 아닌 다른 동력을 이용해 옷감을 짜는 것이 가능해졌어요.

이러한 기계들이 발명되자 큰 공장이 생겨났어요. 수공업자들은 구태여 여러 사람이 큰 공장에 모여서 일할 필요가 없기 때문에 작은 작업장에서 몇몇 사람들이 모여 일을 했었어요. 그런데 기계가 발명되자 여러 사람들이 공장에 모여 많은 양의 물건을 한꺼번에 만들어 내게 된 거예요.

그런데 한 가지 문제가 있었어요. 물의 힘을 이용하는 기계를 사용하려면 공장을 반드시 물가에 세워야 했어요. 그런데 물가는 대부분 교통이 불편했고, 물의 양이 한정되어 있기 때문에 기계를 더 들여놓을 수 없었어요. 더구나 가뭄이 들어 물의 양이 줄어들면 기계가 제대로 돌아가지도 않았고요.

"수력으로 기계를 돌려서는 물건을 제대로 만들어 낼 수 없겠어. 뭔가 새로운 동력이 필요한데."

사람들은 새로운 동력을 찾기 시작했어요. 수력을 대신할 동력으로 발명된 것은 바로 증기였어요. 즉, 열을 가해 물을 끓이면 증기가 발생하고, 이 증기의 힘으로 기계가 움직이게 하는 것이에요.

런던의 대학에서 기계공으로 일하던 제임스 와트는 1769년 증기 기관으로 특허를 받았어요. 하지만 그가 증기 기관을 처음 만든 것은 아니었어요. 그 이전에도 증기 기관은 있었지만 실제로 쓰이기에는 부족한 점이 많았지요. 와트는 증기 기관이 공장이나 교통수단에 실제로 사용될 수 있도록 새로운 발명품을 더하고 불편한 점을 고친 거예요.

이제는 커다란 공장에서 언제라도 많은 양의 옷감을 만들어 낼 수 있게 되었어요. 증기 기관의 발명은 옷감을 만드는 공업뿐 아니라 철이나 석탄을 만들어 내는 공업에도 쓰였어요.

여기저기에 공장이 세워지고 어마어마한 양의 물건이 쏟아져 나오자 이번에는 그 물건들을 운반하는 것이 큰일이었어요. 예전처럼 마차에 싣고 울퉁불퉁한 산길을 달려서는 도저히 옮겨갈 수 없었으니까요. 길도 새로 닦고 다리도 놓고 강에 뱃길도 새로 만들어야 했어요.

  무엇보다 중요한 것은 사람이나 동물의 힘이 아닌 증기 기관으로 움직이는 차를 만드는 것이었어요. 1804년 트레비식은 궤도 위를 달리는 증기 기관차를 만드는 데 성공했고, 1814년에는 스티븐슨이 다시 증기 기관차를 만들어 냈어요. 스티븐슨의 증기 기관차는 1825년, 약 90톤의 화물차와 객차를 끌고서 스톡턴과 달링턴 사이에 놓인 철도 위를 달리는 데 성공했어요. 비록 속도는 시속 16킬로미터에 불과했지만 말이에요.

  1829년에는 리버풀과 맨체스터 사이의 철도 개통을 앞두고 증기 기관차

대회가 열렸어요. 이때 스티븐슨이 출전시킨 로켓이라는 이름의 증기 기관차는 시속 46킬로미터로 달려 우승을 차지했어요. 요즘의 자동차나 비행기에 비하면 턱없이 느리지만 당시로서는 정말 놀라운 속도였지요.

기계와 새로운 동력의 발명으로 산업이 크게 발전하고 이에 따라 정치, 경제, 사회, 문화 등 사회 전체가 완전히 변화한 것을 산업 혁명이라고 해요. 산업 혁명은 영국에서 맨 처음 시작되었기 때문에 한동안 영국은 세계의 공장이라는 말을 들었어요. 이후 유럽의 여러 나라에서도 산업 혁명이 일어나면서 세계는 자본주의 시대로 접어들었지요.

"그러니까 공장에서 기계로 물건을 만들어 내고 자동차가 쌩쌩 달리기 시작한 지가 불과 200여 년밖에 안 됐단 말이야? 그 사이에 환경이 이렇게 파괴됐으니 앞으로 시간이 더 흐르면 어떻게 되겠느냐고?"

준호가 한숨을 쉬며 말했어요.

"그래. 인류 역사에서 200년은 정말 짧은 시간이지. 그러니까 앞으로 산업 사회의 문제점들을 극복할 시간도 충분히 있는 것 아닐까?"

준희 언니가 말했지만 준호는 여전히 걱정스러운 표정이었어요. 그림도 다시 그리지 않고 석기 시대 풍경 같은 그림을 그냥 내겠다고 고집을 부렸어요.

만병통치약
팝니다

 아편 전쟁

요즘 준호네 집에 큰 걱정거리가 생겼어요. 준수 오빠가 컴퓨터 게임에 빠져서 성적이 뚝 떨어졌거든요. 고모는 집에서 아예 컴퓨터를 치워 버렸고 게임기도 뺏었어요. 혹시 준수 오빠가 PC방 같은 곳에 갈까 봐 감시하느라고 집 밖으로 나가지도 못하게 했고요.

그 바람에 준희 언니까지 컴퓨터를 쓸 수 없어서 현아네 집에 와서 숙제를 했어요.

"컴퓨터 게임이 꼭 그렇게 나쁜 건 아니잖아요. 못 하게 하면 더 하고 싶어질 테니까 차라리 실컷 하게 내버려 두는 게 나을 것 같아요. 그러면 싫증이 나서 그만두지 않을까요?"

"물론 컴퓨터 게임이 무조건 나쁜 건 아니지. 하지만 어떤 게임이든지 자기 자신이 조절할 수 없을 만큼 빠져들면 안 돼. 준수는 게임을 하지 않을 때 불안하고 집중이 안 된다고 했거든. 그냥 두면 점점 더 심해질 수도 있어."

현수가 묻자 준희 언니가 대답했어요.

"그래도 난 형이 불쌍해. 형은 매일, 하루 종일 공부만 하잖아. 토요일에도 학원에 가고 방학 때도 놀지 못하고, 공부를 잘하니까 혹시 성적이 떨어질까 늘 조바심을 친다고. 그런데 게임을 하다 보면 그런 것들을 다 잊어버릴 수 있으니까 얼마나 좋겠어? 계속 게임만 하고 현실로 돌아오고 싶지 않을 것 같아."

준희 언니를 따라온 준호가 조심스럽게 말했어요. 늘 싸우면서도 역시 준호가 형을 제일 잘 이해해 주는 것 같았어요.

"바로 그게 문제야. 게임도 알코올이나 마약처럼 그것에 빠져들고 의존하게 되는 중독을 일으킬 수 있거든. 그렇게 되면 일상생활에 지상이 생기는 것은 물론이고 건강도 해치고 아예 사회생활에 적응하지 못하게 되는 경우도 있어. 마약은 당장의 고통을 못 느끼게 해 주니까 만병통치약인 것 같지만 결국 독이 되는 것처럼 말이야."

"마약을 먹으면 정말 당장은 모든 병이 다 나아요?"

준희 언니가 대답하자 현아가 다시 물었어요.

"당장 고통을 느끼지 못하는 것뿐이지 병이 치료되는 건 아니야. 오히려 건강은 더 나빠지지. 하지만 이걸 모르고 일단 약을 사용하기 시작하면 그것에 빠져서 헤어 나오지 못하기 때문에 마약이라고 하는 거야. 1838년에 시작된 중국과 영국 사이의 전쟁은 영국이 몰래 아편을 들여가 중국 사람들에게 팔았기 때문에 일어났어. 그래서 아편 전쟁이라고 부르기도 하지. 처음에 중국 사람들은 이 약이 만병통치약인 줄 알았지. 하지만 그게 아니라는 것을 알고 난 뒤에는 이미 중독이 돼서 약 없이는 살 수 없게 되어 버렸어."

준희 언니는 계속해서 청나라에 대해 이야기해 주었어요.

중국의 마지막 왕조인 청나라는 만주족이 세운 나라예요. 여진족이라고도 불렸던 만주족은 1616년 누르하치를 중심으로 후금을 세웠어요. 이즈음 명나라는 조선에 쳐들어온 왜와 싸우느라고 만주족의 성장을 막을 여력이 없었지요. 그 틈에 후금은 만주 전체와 몽골 일부, 중국의 일부 지역을 차지했어요. 1636년에는 나라의 이름을 청이라고 고쳤지요.

반면, 강력한 왕의 통치를 받으며 번영을 누리던 명나라는 계속되는 전쟁과 관리들의 부패 등으로 점점 힘을 잃었어요. 무너져 가는 명나라에 결정적인 타격을 준 것은 이자성이 이끄는 농민 반란군이었어요. 1643년에는 명나라의 수도 베이징이 농민군에게 점령당했어요. 그러자 다급해진 명나라의 관리는 청나라에 도움을 요청했지요.

이 기회에 청나라는 베이징으로 가서 농민군을 몰아내고 아예 그곳에 눌러앉아 명나라의 뒤를 잇는 중국 왕조가 되었어요. 네 번째 황제인 강희

제 때에 이르러 청나라는 지금의 중국 국토와 비슷한 영토를 확보했는데, 이것은 명나라 때보다 세 배나 넓어진 것이었어요. 또 동남아시아의 여러 나라에 대한 영향력도 커졌어요.

그러나 이후 곳곳에서 일어난 반란과 무능하고 부패한 관리들 때문에 청나라의 운명도 내리막길에 접어들었어요. 게다가 이즈음부터 유럽의 여러 나라들이 중국에 눈독을 들이기 시작했는데 그중에서도 가장 적극적인 나라는 영국이었어요.

유럽이 아시아와 직접 왕래를 시작하면서 영국은 청나라에게 무역을 하게 해 달라고 졸랐어요. 하지만 청나라는 정해진 항구에서 정해진 상인들과만 거래를 해야 한다고 고집을 부렸어요. 청나라가 열어 준 항구는 광저

우 한 군데뿐이었어요. 영국은 광저우에 동인도 회사를 차려 놓고 비단, 차, 도자기 등을 구입해 유럽으로 실어 날랐어요. 이런 물건들은 유럽에서 아주 비싼 값에 팔렸지요.

그중에서도 홍차는 영국 사람들이 무척 좋아하는 물건이었어요. 홍차는 유럽에서는 나지 않는데 영국에 소개된 지 얼마 지나지 않아 영국 사람들은 습관처럼 홍차를 마시게 되었지요.

이렇게 되니 영국은 언제나 수입하는 물건은 많은 데 비해 수출하는 물건은 얼마 되지 않았어요. 영국 사람들이 홍차를 많이 마시면 마실수록 영국의 은은 모두 중국으로 흘러 들어갔어요. 중국에서는 은을 돈으로 사용했기 때문이지요. 영국은 어떻게 하면 은을 내주지 않고 또 영국에서 만드는 물건들을 중국에 팔 수 있을까 궁리를 했어요.

그러다 생각해 낸 것이 아편이었어요. 영국은 식민지였던 인도에서 아편을 키워 그것을 중국에 갖다 팔았어요. 물론 중국 정부가 아편의 수입을 허락할 리 없으니까 몰래 들여가 판 거예요.

배에 아편을 숨겨 가지고 광저우 앞 바다에 도착한 영국 상인들은 온갖 좋은 말로 중국인들을 유혹했어요.

"이 약 한 번 먹어 보세요. 이 약은 만병통치약이랍니다. 무슨 병이든 이 약만 먹으면 말끔하게 낫는다고요."

처음에는 아편을 먹는 약으로 만들어 팔다가 곧 담배처럼 피울 수 있게

만들어 팔았어요. 어떤 영국 상인은 한편으로 크리스트교를 전도하면서 다른 한편에서 아편을 팔러 다니기도 했지요.

영국 상인들의 말에 속아 넘어가 아편을 사 먹어 본 사람들은 금세 약에 중독되어 버렸어요. 그 다음부터는 영국 상인들이 팔러 다닐 필요도 없었지요. 약에 중독된 중국 사람들이 스스로 약을 구하려고 애를 쓰고 다녔으니까요.

"영국 사람들이 파는 약을 먹으니까 정말 기분이 좋아지더라고. 이제 나는 그 약 없이는 못 살겠어."

아편은 순식간에 중국 전체로 퍼졌어요. 1830년대 말에는 중국 사람 100명 중 적어도 한 명은 아편을 피웠다고 해요. 아편 값은 하루 종일 일해서 버는 돈보다 더 비쌌지만 한번 아편에 중독된 사람들은 빚을 내서라도 아편을 사 피워야 했지요.

얼마 가지 않아 영국이 중국에서 사 가는 홍차 값보다 중국에 파는 아편 값이 더 많아졌어요. 중국에는 차츰 은이 귀해졌고 그 은은 모두 영국으로 빠져나갔지요.

청나라 황제는 아편 수입을 금지한다는 법을 여러 번 발표했지만 아무 소용이 없었어요. 이미 공무원들도 아편과 영국 상인들에게 받은 뇌물에 중독되어 말을 듣지 않았어요. 병사들까지 아편에 중독되어 있을 지경이었지요.

생각다 못한 청나라 황제는 1839년에 임칙서라는 사람을 광저우로 보냈어요. 임칙서는 대쪽같이 곧고 분명한 사람이었기 때문에 특별히 그에게 아편 수입을 뿌리 뽑을 임무를 맡긴 것이지요.

광저우에 도착한 임칙서는 먼저 경고의 글을 써 붙였어요.

"현재 갖고 있는 아편을 모두 내 놓으시오. 그리고 이후에 아편을 취급하지 않겠다는 각서를 쓰시오."

그리고 외국 상인들을 광저우에서 한 발자국도 떠나지 못하게 했어요. 동인도 회사의 사무실은 아예 군사들이 둘러싸고 지켜서 있었지요.

며칠 동안 갇혀 있다시피 한 영국 상인들은 아편 몇 상자를 들고 임칙서에게 찾아왔어요. 하지만 그는 아편을 보고서도 아무 말이 없었어요.

"이제 아편을 모두 내놓았으니 영국 사람들을 풀어 주시오."

영국 상인들이 말했어요.

"이게 전부요? 광저우에 들어온 배가 몇 척인데 아편이 겨우 이것밖에 없단 말이오? 가지고 있는 아편을 다 내놓을 때까지 당신들은 꼼짝도 못할 줄 아시오."

임칙서가 호통을 쳤어요.

할 수 없이 영국 상인들은 숨겨 놓았던 아편을 모조리 내놓았지요. 다 모아 놓고 보니 그 양은 어마어마했어요.

"이 아편을 모조리 끓여서 바다에 버려라."

임칙서의 명령에 따라 아편을 모두 끓여서 버리는 데만 여러 날이 걸릴 정도였지요. 그 뒤 영국 상인들은 아편을 취급하지 않겠다는 각서를 쓰지 않고 모두 마카오로 달아나 버렸어요.

한편, 이즈음 영국 군인들이 중국인 농부 한 명을 죽인 사건이 일어났어요. 홍콩 근처의 한 마을에 술을 사러 온 영국 군인들이 중국 사람들과 다툼을 벌이다 그만 사람을 죽인 거예요. 임칙서는 당장에 범인을 넘겨 달라고 했지만 영국은 그 말을 듣지 않았어요.

"누가 죽였는지 우리도 아직 범인을 잡지 못했소."

이렇게 발뺌을 했지만 물론 거짓말이었지요. 화가 난 임칙서는 마카오에 사는 영국 사람들을 모조리 내쫓아 버렸어요. 영국 사람들은 하루아침에 바다로 쫓겨났고 먹을 것은 물론 마실 물도 구할 수 없었어요.

이 소식을 들은 영국에서는 한바탕 소동이 벌어졌어요. 영국 의회에서는 이 문제를 놓고 며칠 동안 토론을 벌였지요.

"이런 모욕을 참을 수는 없습니다. 내 평생 우리 영국이 이렇게 심한 모욕을 당한 적은 없었습니다. 당장에 군대를 이끌고 가서 중국을 혼내 주어야 합니다."

한편의 사람들은 이렇게 목소리를 높였어요. 주로 중국에서 장사를 해 돈을 벌려는 사람들이었지요.

"아편을 팔아 돈을 벌다니 우리 영국이 어떻게 그런 비양심적인 짓을 할 수 있습니까? 아편 수출은 노예 무역보다도 더 못된 짓입니다. 청나라가 아편 무역을 못 하게 막은 것이야 너무 당연한 일이지 그것 때문에 전쟁을 벌이다니 부끄럽지 않습니까?"

양심이 있는 사람들은 또 한편에서 이렇게 맞섰어요.

얼마 동안 옥신각신한 끝에 드디어 투표가 시작되었어요. 투표 결과는 전쟁을 하자는 편의 승리였어요.

1840년 4월, 영국의 함대가 마카오에 도착했어요. 이렇게 해서 시작된 전쟁이 바로 제1차 중영 전쟁이고 다른 말로 '아편 전쟁'이라고도 해요.

청나라에 비해 훨씬 더 강한 무기를 갖고 있던 영국은 쉽사리 전쟁에서 이길 수 있었어요. 바다에서 중국 해군을 물리친 영국 함대는 홍콩을 차지하고, 얼마 뒤에는 양쯔 강을 따라 난징으로 향했어요.

이렇게 되자 청나라는 항복을 하지 않을 수 없었어요. 난징은 중국에서 가장 큰 도시 중 하나였을 뿐 아니라 중국 대륙의 남과 북을 잇는 교통의 중심지였기 때문이지요. 난징을 빼앗기고 나면 중국은 반쪽만 남게 될 지경이었어요.

1842년 8월 중국과 영국 사이에 난징 조약이 맺어졌어요. 난징 조약은 무조건 영국에게만 이익이 되는 것이었어요. 이 조약에 따라 중국은 전쟁과 아편에 대한 보상으로 영국에게 많은 돈을 물어 주어야 했어요. 또 홍콩을 영국에게 빼앗기고, 영국 사람들이 들어와 마음대로 장사를 할 수 있도록 다섯 개의 항구를 열어 주어야 했어요. 영국에서 수입하는 물건에 대한 세금도 영국과 상의해서 결정하게 되었고요.

 아편 전쟁 전까지만 해도 중국은 서양의 여러 나라들에게 잠자는 호랑이라고 알려져 있었어요. 중국의 황제는 강력한 힘을 갖고서 어마어마하게 넓은 영토를 모두 직접 다스리고 있었으니까요. 하지만 난징 조약이 맺어지고 나자 서양 사람들은 중국이 사실은 종이로 만든 호랑이라는 것을

알게 되었지요. 덩치만 컸지 힘은 없는 나라라는 뜻이에요.

　난징 조약 이후 미국, 프랑스 등 서양의 여러 나라들은 앞다퉈 중국에게 여러 가지 조약을 맺으라고 강요했어요. 그 후 중국은 서양 여러 나라들의 식민지나 마찬가지의 신세가 되었지요.

　이야기를 하는 동안 준희 언니의 숙제 프린트가 끝났어요.
　"이제 다 했으니까 그만 집에 가자."
　"조금만 더 있다가 갈래. 형 때문에 나까지 컴퓨터 게임을 못 하잖아. 여기서 딱 10분만 하고 갈게."
　준희 언니가 말하자 준호가 졸라 댔어요.
　"중독되지 않게 딱 10분만 해야 해. 안 그러면 고모한테 전화해서 다 이를 거야."
　현아가 시계를 확인하면서 말했어요.

일본의 선택

 일본의 개항과 메이지 유신

"**언니,** 좀 가르쳐 주세요."

현아가 갑자기 준희 언니한테 영어를 가르쳐 달라고 졸랐어요. 며칠 뒤 학교에서 영어 연극 대회가 있어서 그 준비가 한창이었거든요.

"현아가 대회에서 상을 받고 싶은 모양이구나. 그래, 내가 도와줄게."

"아니에요. 대회에서 상 받는 건 꿈도 꾸지 않아요. 그냥 영어를 잘하고 싶어서 그래요. 외국 사람과 영어로 자유롭게 대화를 하고 싶어요."

준희 언니의 말에 현아가 펄쩍 뛰며 말했어요.

"학원도 다니는데 그걸로 부족해? 대회 준비는 내가 잠깐 봐줄 수 있지만 갑자기 공부를 한다고 해서 당장 실력이 확 늘어나지는 않을 거야. 도대체 왜 그래?"

"우리 반의 미진이라는 아이가 미국에서 살다 와서 영어를 아주 잘하거든요. 며칠 전에 그 애가 연극 준비하다가 원어민 선생님이랑 영어로 얘기를 한참 하더라고요. 나중에 무슨 얘기를 했냐고 물어봤더니 몰라도 된대요. 너무 얄미워요. 나도 영어 공부 열심히 해서 다른 애들 앞에서 외국인이랑 영어로 얘기할 거예요."

현아의 대답을 듣고 준희 언니는 어이가 없었지요.

"현아야, 내가 다른 사람한테 뭔가 억울하거나 기분 나쁜 일을 당했을 때 그런 처지에서 벗어나려고 노력하는 건 좋아. 하지만 노력해서 내게 능력이 생겼을 때 나보다 약한 사람에게 똑같이 상처를 줘서는 안 되잖아."

"영어 공부를 해서 미진이를 혼내 주겠다는 건 아닌데요."

준희 언니의 말을 알아듣지 못하고 현아는 엉뚱한 소리만 했어요.

"아이고, 답답해! 영어 잘하게 됐다고 누나보다 영어 못하는 친구들 앞에서 잘난 척하면 안 된다는 거야. 누나는 아무래도 영어보다 한국말 공부를 먼저 해야 할 것 같아."

옆에서 듣고 있던 현수가 구박을 했어요. 준희 언니는 싸움을 벌이려는 현아와 현수를 진정시키고 일본의 근대화에 대한 이야기를 해 주었어요.

아시아 대륙 동쪽의 커다란 섬 네 개로 이루어진 일본에는 신석기 시대부터 사람이 살고 있었어요. 기원전 3세기경부터는 쌀농사를 짓고 금속도 사용하기 시작했으며 나라를 세웠다는 기록도 남아 있어요. 연합 국가 형태에 머물던 일본은 4세기 초에 통일되었고, 한반도로부터 한자, 불교 등을 전달 받아 문명이 발전해 갔어요.

하지만 8세기 말부터는 나라의 법이 무너지고 각 지방에서는 군인들이 힘을 키워 갔어요. 결국 12세기경부터 일본에서는 군인들이 정권을 차지했는데, 일본의 군인 정부를 막부라고 해요. 군대의 총사령관인 쇼군은 나라의 실질적인 통치자가 되었어요.

군인들은 권력을 갖고 서로 경쟁했어요. 한동안은 강력한 쇼군이 막부를 통해 나라 전체를 다스렸지만, 쇼군의 힘이 약할 때면 일본 각 지역에서 군인들이 각기 자기들의 작은 나라들을 세웠어요. 1590년, 한동안 우후죽순처럼 작은 나라들이 생겨나 싸우던 일본을 도요토미 히데요시가 통일했어요. 그는 일본 통일을 완성한 뒤 조선을 침략했지만 결국 실패했지요.

도요토미 히데요시가 죽은 뒤 일본을 손아귀에 넣은 것은 도쿠가와 이에야스였어요. 그는 도요토미의 세력을 완전히 제거하고 지금의 도쿄에에도 막부를 열었어요.

이즈음부터 일본에는 유럽 사람들이 드나들기 시작했어요. 처음 일본을 찾아온 유럽인은 포르투갈 사람들이었어요. 이들은 총 등 새로운 물건을 가져왔고 크리스트교를 전해 주기도 했어요. 산업 혁명이 일어난 뒤부터는 유럽의 배들이 더 자주 일본을 찾아왔어요. 미국은 1853년과 그 이듬해에 두 번이나 군함을 끌고 와서 무역을 할 수 있게 항구를 열어 달라고 했어요.

"지금 나라의 문을 여는 것은 너무 위험합니다. 개항을 해서 저들이 우리 땅에 발을 디디면 무슨 짓을 할지 모릅니다."

"그건 맞는 말이지만 그렇다고 마냥 버틸 수는 없어요. 청나라를 보세요. 결국 전쟁에 지고 억지로 항구를 열지 않았습니까? 청나라처럼 큰 나라도 그렇게 맥없이 당하는데 우리가 어떻게 버틸 수 있단 말입니까?"

"맞습니다. 어차피 그리 될 일이라면 차라리 하루라도 빨리 저들과 조약을 맺어서 배울 점을 배우는 것이 현명할 것입니다."

대포까지 싣고 온 미국 배 앞에서 기가 질린 일본은 결국 외교 조약을 맺기로 했어요. 물론 이 조약의 내용은 미국에게만 일방적으로 유리한 불평등 조약이었어요. 1854년 미국과 일본 사이에 조약이 맺어지자 뒤를 이어 영국, 러시아, 네덜란드, 프랑스 등이 몰려왔어요.

이렇게 해서 서양의 문물이 쏟아져 들어오자 일본 내부는 무척 혼란스러워졌어요. 서구에서 들어오는 물건 때문에 일본의 경제는 엉망이 되었고 국민들은 가난해졌어요. 곳곳에서 막부를 비난하는 목소리가 높아졌지요.

"무능한 막부가 외세를 끌어들여 나라를 이 지경으로 만들었습니다. 이제 더 이상 막부에게 이 나라를 맡길 수 없습니다."

"나라가 바로 서기 위해서는 천황을 다시 모시고 와 외세를 몰아내야 합니다."

그 가운데서 도저히 버티지 못한 에도 막부가 1867년에 대정봉환을 결정했어요. 대정봉환이란 정권을 천황, 즉 일본의 왕에게 돌려준다는 뜻이에요. 이제 일본은 다시 왕이 다스리는 나라가 되었어요.

대정봉환 이후에 일본은 서구의 근대 국가를 따라가기 위해 대대적인 개혁을 추진했어요. 메이지 유신이라고 부르는 이 개혁은 아주 급하게 진행됐어요. 국가가 앞장서서 헌법을 만들고 산업 혁명을 일으켰으며 군사력을 키워 갔지요.

일본이 유럽을 흉내 낸 것은 이것뿐이 아니었어요. 경제력과 군사력이 갖춰지자 서구의 국가를 따라 제국주의 국가로 나아갔어요. 청일 전쟁, 러

일 전쟁을 일으켜 대한 제국, 타이완, 사할린 등을 식민지로 차지하고, 영국과 동맹을 맺어 제1차 세계 대전에도 참가했어요.

제1차 세계 대전이 연합군의 승리로 끝나자 일본은 이제 제국주의 국가들 사이에서 어깨를 나란히 할 정도가 되었지요.

"일본은 세계사의 흐름을 잘 읽고 여기에 재빨리 적응하면서 나라의 힘을 키웠어. 그런 면에서는 우리가 배울 점도 많이 있지. 하지만 이들은 자신들이 당했던 것과 똑같은 방법으로 힘없는 나라를 침략했어. 그리고 서구의 제국주의 국가들 못지않게 식민지를 쥐어짜 자신들의 힘을 키웠지."

"그러고 보니 대포를 앞세워 중국을 개항시킨 영국이나 일본을 개항시킨 미국이나 우리나라를 개항시킨 일본이나 다 똑같네요."

준희 언니의 설명이 끝나자 현수가 말했어요.

"아, 이제 알겠다. 그러니까 내가 영어를 잘하게 되더라도 영어를 못하는 친구들 앞에서 잘난 척해서 기죽이면 안 된다는 뜻이구나. 미진이랑 똑같은 아이가 되는 거니까. 그럼 어떻게 해야 하지? 힘들게 영어 공부해서 다른 친구들 기죽일 필요 없이 그냥 내일 가서 미진이를 한번 혼내야겠어. 그게 더 빠르고 시원한 방법일 것 같아. 어떻게 혼내는 게 좋을까?"

"누나가 이럴 때마다 내가 누나의 동생이라는 사실이 정말 슬퍼져. 미진이 누나를 혼내 준다고 해서 누나 영어 실력이 커져서 원어민 선생님하고 영어로 얘기하는 걸 다 알아들을 수 있게 되는 건 아니잖아. 아이고, 답답해!"

현아의 말에 현수는 제 가슴을 치며 답답해했어요.

미국이 두 동강 날 뻔했네

 미국의 남북 전쟁

일요일에 현아와 현수는 준호네 집에서 다큐멘터리를 봤어요. 아프리카 밀림 속에서 아직도 원시적인 생활을 하는 부족에 대한 내용이었지요.

"인류는 아프리카 대륙에서 제일 먼저 생겨났고, 아프리카는 인류 최초의 문명이 발생한 곳 중 하나이기도 하잖아. 그런데 어떻게 아프리카의 한 구석에는 아직도 저렇게 미개한 종족이 남아 있을 수 있을까? 저런 사람들은 너무 게으르거나 머리가 나빠서 발전하지 못했던 게 아닐까?"

현수는 다큐멘터리 속 부족민들이 아주 한심해 보이는 것 같았지만 준호의 의견은 달랐어요.

"그래도 나는 저 사람들이 사는 모습이 좋아 보여. 다들 행복하고 만족하는 것 같잖아. 서로 사랑하고 각자 자기 역할을 충분히 하면서 어울려서 살아가잖아."

"아프리카나 아메리카 대륙 등 몇몇 지역의 문명이 뒤떨어진 이유는 여러 가지 조건 때문이었을 거야. 다른 지역과의 교류 없이 고립되어 지내다 보니 발전이 더디기도 하고, 어떤 부분에서는 꽉 막혀 버리기도 했던 거지. 하지만 발달된 문명 속에서 살아가는 우리와 저들 중에 누가 더 행복한가는 정답이 따로 없는 것 같아. 어떤 측면에서 어떻게 바라볼 것인가에 따라 다르겠지. 중요한 것은 저들의 문명이 뒤떨어졌다고 해도 분명히 우리와 같은 인간이라는 점이야."

준호가 말하자 준희 언니가 설명해 주었어요.

"저들도 사람이기는 하지만 그렇다고 우리하고 똑같지는 않은 것 같아요. 저 사람들은 아는 것이 너무 없잖아요. 예를 들어 아무리 훌륭한 예술 자품을 가져다줘도 저 사람들은 모를 거고, 아무리 비싼 보석을 가져다줘도 그냥 돌멩이인 줄만 알 거예요. 그러니까 우리가 저 사람들을 보호해 줄 필요는 있겠지만 동등하게 대접할 수는 없을 것 같아요."

현수가 다시 말했어요. 그러자 준희 언니는 미국의 흑인 노예에 대해 이야기해 주었어요.

영국으로부터 독립한 이후 미국의 영토는 계속 넓어졌어요. 북아메리카 대륙의 서쪽은 아직 어느 나라도 식민지를 세우지 못한 상태였는데, 미국인들은 이곳으로 옮겨 가 새로운 주를 만들었어요. 또 프랑스, 스페인, 멕

시코 등으로부터 땅을 넘겨받아서, 1848년에는 지금의 미국과 거의 비슷한 영토를 갖게 되었어요.

그런데 미국의 남부와 북부는 서로 사이가 좋지 않았어요. 북부에는 지하자원이 풍부해서 커다란 공장들이 세워졌어요. 공업이 발달하려면 국가의 도움이 필요했기 때문에 북부 사람들은 각각의 주보다도 연방 정부의 힘이 커지기를 바랐어요. 이에 비해 농장을 경영하는 남부 사람들은 연방 정부가 이것저것 간섭하는 것보다는 각 주에 자유를 많이 주기를 바라고 있었어요.

무역을 하는 데 있어서도 입장이 달랐어요. 북부에서는 영국의 공산품이 너무 많이 수입되지 않도록 정부에서 세금을 높게 매기기를 바랐어요. 그래야 미국의 공업이 발달할 테니까요. 하지만 남부 사람들은 농장에서 거둬들인 곡식을 영국에 팔고 영국에서 공산품을 사들여 오는 무역이 자유롭기를 바랐지요.

그러나 북부와 남부의 입장이 가장 크게 달랐던 것은 무엇보다 노예 제도에 대해서였어요. 독립 전쟁 이후로 남부의 여러 주에서는 면화 농사가 시작되었어요. 영국에서 산업 혁명이 일어나 면직물 생산량이 늘어나자 미국의 면화는 더욱 잘 팔려 나갔지요. 그런데 면화 농사는 손이 많이 가는 일이라서 노예가 없이는 불가능했어요.

노예는 대부분 서아프리카에서 붙잡혀 온 사람들이었어요. 유럽인들이 아프리카에서 잡아 온 노예의 수는 아무리 적게 잡아도 1,500만 명에서, 많게는 4,000만 명 정도라고 해요. 1808년에 이미 노예의 수입이 법으로 금지되었지만 남부에서는 이후에도 여전히 노예를 팔고 샀어요.

"검둥이들은 때려야 말을 듣는다니까. 게으름 부리지 말고 어서 일하지 못해!"

백인들은 채찍을 휘두르며 노예를 감독했고, 흑인 노예들은 하루 종일 밭에 나가 고된 일을 해야 했어요.

하루의 일이 끝나고 나면 흑인 노예들은 허름한 오두막으로 들어가 잠을 잤어요. 판자를 엮어 만든 작은 오두막에는 마루도 깔려 있지 않았지요. 노예들은 낡은 담요를 덮고서 맨바닥에서 잠을 자야 했어요.

물론 먹을 것도 넉넉하지 않았어요. 맛도 없고 영양가도 없는 옥수수나 밀이 고작이었지만 그나마 겨우 목숨을 부지할 수 있을 정도로 조금씩밖에 주지 않았어요.

"이대로는 도저히 못 살겠어. 이렇게 사느니 차라리 죽는 편이 낫다고."

"도망쳤다간 잡히고 말 거야. 도망치다 잡혀 온 노예들이 얼마나 심하게 얻어맞는지 너희들도 봤잖아."

노예들은 몇몇이 모여 이렇게 수군거리기도 했어요. 노예가 도망치기란 여간 어렵지 않았어요. 노예 주인들은 도망친 노예들을 뒤쫓기 위해 사나운 개를 키우고 노예를 잡아 주면 상금을 주겠다는 신문 광고를 내기도 했지요. 1793년에는 '도망 노예 송환법'이라는 것을 만들어 다른 주로 도망간 노예를 잡아서 주인에게 돌려주게 했어요. 노예를 집이나 가축과 같은 노예 주인의 재산으로 생각했기 때문이지요.

이에 비해 북부는 농장에서 일할 노예보다는 공장에서 일할 노동자가 필요했어요. 미국은 각 주마다 법이 따로 있었는데, 남부 여러 주의 법은 노예제를 인정하고 북부는 인정하지 않았어요. 그러니까 노예에게 북부는 자유의 땅이었지요.

"우리 도망가자. 이러다간 어차피 오래 견디지 못할 거야. 도망가다 잡

혀서 죽는 한이 있어도 일단 달아나 보는 거야."

"그래! 북부로 가기만 한다면 자유롭게 살 수 있잖아."

흑인 노예들 중에는 북부로 도망치는 사람들이 끊이지 않았어요. 북부의 백인들 중에서도 흑인 노예를 도와주는 사람들이 더러 있었어요. 이들은 남부의 흑인 노예들이 지하 철도를 이용해서 뉴잉글랜드나 캐나다로 도망칠 수 있도록 도왔어요. 물론 북부에도 흑인과 백인은 똑같은 인간이 아니라고 생각하는 사람들은 많았어요. 북부의 백인들에게도 흑인 노예를 위해 일하고 노예 제도를 없애야 한다는 운동을 벌이는 것은 무척 어려운 일이었지요.

새로운 주가 만들어질 때면 남부와 북부는 그 주에서 노예제를 인정하나 인정하지 않나에 신경을 곤두세웠어요. 그러던 중 1854년에 새로운 법이 만들어졌는데, 그 법의 내용은 새로운 주에서 노예제를 인정할 것인가 인정하지 않을 것인가를 그 주의 주민들 의견에 따라 결정한다는 것이었어요. 도망 노예 송환법은 더욱 강화되었고요.

이에 북부의 노예 제도를 반대하는 사람들은 공화당이라는 당을 새로 만들었어요. 링컨도 공화당에 가입해서 일리노이 주의 상원 의원에 출마했지요.

"노예 제도는 아주 나쁜 정책입니다. 저는 노예 제도에 반대합니다. 하지만 그렇다고 해서 지금 당장 노예 제도를 없앨 수는 없지요. 시간을 두고 천천히 해야 합니다."

링컨은 이런 연설을 했어요. 그리고 이어서 이렇게 외치기도 했어요.

"편을 나눠 싸우는 집안은 일어설 수가 없습니다. 나는 믿습니다. 이 나라가 영원히 반쪽은 노예 상태로 반쪽은 자유로운 상태로 있을 수는 없다고. 나는 미연방 공화국이 둘로 나뉘는 것을 바라지 않습니다. 집이 무너지는 것을 바라지 않습니다. 다만 나뉘어 싸우지 않기를 바랍니다."

링컨은 일리노이 주의 상원 의원 선거에서 떨어졌어요. 하지만 그에게는 곧 더 좋은 기회가 왔어요. 공화당 대표로 대통령 선거에 나간 것이에요. 1860년 링컨은 16대 미국 대통령에 당선되었지요.

링컨이 대통령에 당선되자 남부의 7개 주는 미연방에서 나가 버리겠다고 했어요. 그리고는 자기들끼리 새로 미국 남부 연합을 만들고 데이비드 제퍼슨을 대통령으로 뽑았어요. 링컨은 어느 주도 연방에서 나갈 권리는 없다고 주장하며 이를 인정하지 않았어요.

이듬해 링컨은 남부의 사우스캐롤라이나 주에 있는 미연방의 군대에 식량을 보내기로 했어요. 그러자 남부 연합이 발끈했어요.

"이제 이곳은 우리 남부 사람들의 땅이요. 북부와 남부는 서로 다른 나라란 말이요. 연방군은 당장 우리 땅에서 떠나시오."

남부 연합은 곧 미연방의 군대에 폭탄을 퍼부었어요.

그러자 미연방에서는 남부의 바닷가를 막고 전쟁을 위한 군대를 모으기

시작했어요. 이렇게 해서 남과 북 사이의 전쟁이 시작되었고, 4개의 주가 추가로 남부 연합 편에 섰어요.

전쟁은 처음에 남부가 이기는 것 같았어요. 남군에게는 리 장군을 비롯해서 훌륭한 장군들이 많이 있었고, 영국도 남군을 도와주었으니까요. 그러나 1863년 7월 리 장군이 펜실베이니아 주 게티즈버그를 침공했다가 실패해서 쫓겨 간 것을 계기로 상황이 바뀌었어요.

1865년 4월 드디어 남부 연합의 수도 리치먼드가 북군의 손에 들어가고 전쟁은 끝났어요. 4년이나 걸린 길고도 격렬한 전쟁이었지요.

한편, 전쟁 중인 1863년 1월 1일에 링컨 대통령은 정말로 노예 해방을 선언했어요. 노예 해방을 선언하는 것이 북군에게 유리하다고 판단했기 때문이지요. 남부의 노예들은 이제 자유로워져서 더 이상 팔려 다닐 염려가 없었어요. 하지만 남북 전쟁 후에도 흑인들은 가진 것이 없었기 때문에 다시 옛 주인 밑에서 일을 하는 경우가 많았어요. 또 백인들 중에는 여전히 흑인들을 천하게 생각하는 사람들이 많아서 숱한 차별을 받아야 했어요. 공연히 흑인들을 괴롭히는 사람들도 있었고요.

남북 전쟁이 끝나고 얼마 지나지 않아서 미국에서도 산업 혁명이 시작되었고, 면화 농사를 짓던 남부의 큰 농장들은 문을 닫았어요. 이후 미국의 경제는 급속히 발전하고 자본주의 시대로 접어들었지요.

"그래도 노예 제도에 반대하고 노예 해방을 위해 애쓴 사람들이 있어서 다행이야."

"그래. 인권 즉, 인간으로서 누려야 할 기본적인 권리는 돈을 주고 사는 것도 아니고 지식이나 교양을 갖춰야 얻을 수 있는 것도 아니야. 그건 하늘이 부여해 준 것이기 때문에 누구도 침해할 수 없거든. 그러니까 다른 사람의 인권을 지켜 준다는 것은 곧 나의 인권을 지키는 길이기도 한 거지. 거꾸로 다른 사람의 인권이 짓밟히는 데도 모른 척한다거나 나 스스로 다른 사람의 인권을 침해하는 것은 결국 나의 인권을 포기하는 것이나 마찬가지이고."

준호가 말하자 준희 언니가 설명해 주었어요.

"그럼 남북 전쟁 이후 미국의 흑인들은 모두 어떻게 됐나요? 고향으로 돌아갔나요?"

현아가 다시 물었어요.

"아니. 돌아가지 않았어. 아프리카로 돌아갈 길도 막막하고 돌아간다고 해도 삶의 기반이 없었기 때문이지. 노예가 해방되었다고 해서 흑인들이 곧바로 백인들과 동등한 권리를 누렸던 것은 아니야. 정치에 참여할 수 있는 권리 등 이들이 정당한 권리를 얻기까지는 오랜 시간과 많은 노력이 필요했지. 지금은 미국 사회의 주요한 구성원으로서 당당히 자기 몫을 찾고 있단다. 그런데 현수야, 너는 아직도 저 아프리카 원주민들이 우리와 똑같은 인간이 아니라고 생각하니?"

"글쎄요. 잘 모르겠어요. 조금 더 생각해 볼게요."

준희 언니가 이야기를 마치며 묻자 현수는 얼른 대답을 하지 못했어요.

사라예보의 총소리

 제1차 세계 대전

준호가 보여줄 게 있다면서 전화로 현아를 불러냈어요. 준호네 아파트 화단 앞으로 가 봤더니 준호가 쪼그려 앉아서 뭔가를 열심히 들여다보고 있었지요. 그냥 관찰하는 것이 아니라 심각하게 고민하는 것 같았어요.

"뭐야? 왜 그래?"

현아도 옆에 앉았어요. 준호가 보고 있었던 것은 거미줄이었어요. 거미줄에는 파리 한 마리가 걸려 있었는데 아직 죽지 않았는지 날개를 조금씩 움직였어요.

"파리가 너무 불쌍하다. 거미줄을 끊어 주면 달아날 수 있지 않을까?"

"너는 그렇게 생각하니? 나도 처음에는 그렇게 생각했었는데 만약 파리를 놓아 주면 거미는 굶게 되잖아. 어쩌면 굶어 죽을지도 모른다고."

현아가 말하자 준호가 이마를 짚으며 말했어요.

그때 마침 집으로 돌아오던 준희 언니가 아이들을 발견했어요.

"너희들 여기서 뭐하고 있니?"

준희 언니도 준호의 얘기를 듣더니 잠시 고민을 하는 것 같았어요.

"아무래도 그냥 두는 게 좋을 것 같아. 동물들은 자연의 법칙에 따라 살아가는 거잖아. 인간이 그걸 함부로 바꾸는 건 좋지 않아."

"그래도 파리가 너무 불쌍하잖아요. 약한 동물을 강한 동물들이 함부로 잡아먹는 건 너무해요."

준희 언니의 말에 현아가 불만을 터트렸어요.

"그렇게 볼 수도 있지. 하지만 동물은 살기 위해서 다른 동물을 잡아먹는 것뿐이야. 잡아먹지 않으면 자신이 굶어 죽으니까. 그게 사람과 다른 거지. 아무리 힘센 호랑이라도 배가 부르면 사냥을 하지 않아. 이에 비해 사람들은 더 많이 갖기 위해서, 혹은 다른 어떤 이유를 대서 전쟁을 일으키고 서로 죽이지."

준희 언니는 전쟁의 예로 제1차 세계 대전에 대해 이야기해 주었어요.

19세기 말에 유럽의 힘센 나라들은 서로 식민지를 조금이라도 더 많이 차지하려고 으르렁거리며 끊임없이 전쟁을 하고 있었어요. 유럽의 여러 나라에서 산업 혁명이 일어나고 자본주의가 발전하자 어마어마한 양의 물건이 생산되었어요. 식민지는 이 물건들을 내다 팔 수 있는 만만한 시장이면서 동시에 원료를 값싸게 들여올 수 있는 곳이기도 했지요.

하지만 이미 세계의 구석구석을 유럽의 식민지로 만들어 놓은 상태였기 때문에 이제 더 이상 새로운 식민지를 찾아내는 것은 어려웠지요. 그러다 보니 이미 남의 나라가 식민지로 삼고 있는 곳을 빼앗으려고 서로 싸웠던 거예요.

이렇게 다른 민족의 나라를 함부로 쳐들어가 정치적으로나 경제적으로 지배하려 드는 것을 제국주의라고 해요. 제국주의 국가들은 서로 경쟁하면서 다른 한편으로는 이해관계에 따라 몇몇 나라들이 서로 협력하기도 했어요. 독일, 오스트리아, 이탈리아는 삼국 동맹을 맺었고 영국, 프랑스, 러시아는 삼국 협상을 맺었어요. 두 세력은 세계 여러 곳에서 식민지를 놓고서 다툼을 벌이고 있었지요.

특히 발칸 반도는 언제 전쟁이 터질지 모르는 아슬아슬한 상황이었어요. 발칸 반도는 오스만 투르크의 지배를 받던 곳이었는데, 오스만 제국의 힘이 약해지자 유럽의 여러 나라들이 너도 나도 군침을 삼켰지요. 독일과 오스트리아는 게르만 민족이 하나로 뭉치자고 목소리를 높였고, 러시아는 슬라브 민족주의를 내세우며 힘을 겨루고 있었어요.

1914년 6월 28일 일요일이었어요. 보스니아의 수도 사라예보에서 몇 발의 총소리가 났어요. 오스트리아의 황태자인 페르디난트는 그날 부인과 함께 사라예보에서 열리는 오스트리아 육군의 훈련을 보러 나왔어요. 그런데 돌아가는 길에 권총을 맞아 두 사람 다 목숨을 잃고 말았지요.

총을 쏜 사람은 비쩍 마르고 얼굴빛도 창백한 열아홉 살의 대학생이었어요.

"나는 세르비아의 해방을 위해 투쟁하는 사람이오. 오스트리아는 더 이상 우리 세르비아에게 이래라저래라 간섭하지 마시오. 더 이상 우리를 괴

롭힌다면 가만있지 않겠다는 경고의 뜻으로 황태자 부부를 쏘았소."

경찰에 붙잡힌 범인은 당당하게 말했어요.

훗날 사람들은 이 일을 사라예보 사건이라고 불러요. 사라예보 사건은 제1차 세계 대전이 일어난 계기가 되었지요.

발칸의 주요 국가 중 하나인 보스니아는 당시 오스만 투르크의 힘이 약해진 틈을 타 오스트리아가 지배하고 있었어요. 세르비아는 오스만 투르크로부터 독립했지만 역시 오스트리아의 위협에 시달리고 있었고요. 보스니아와 세르비아 모두 슬라브 민족의 나라였기 때문에 둘이 힘을 합쳐 오스트리아에 대항하려 들었지요.

황태자가 죽었다는 소식을 들은 오스트리아는 불같이 화를 내며, 세르비아에 다음과 같은 말을 전했어요.

"세르비아에서 오스트리아를 반대하는 단체를 만들거나 책을 내는 것을 금지한다. 뿐만 아니라 오스트리아를 반대하는 모든 운동을 금지한다. 범인의 재판에 오스트리아 대표가 참가한다. 오스트리아 정부에서 가려낸 세르비아 공무원은 당장 쫓아낸다. 이틀 내로 이 요구에 대한 대답을 해 주시오."

그렇다고 오스트리아가 황태자의 죽음을 그렇게 슬퍼했던 것은 아니었어요. 페르디난트 황태자는 황제의 미움을 받았기 때문에 그가 죽었다고 하더라도 오스트리아에서는 별로 슬퍼하지 않았어요. 황제는 황태자의 장

례식에도 참석하지 않았지요. 다만 오스트리아는 사라예보 사건을 계기로 전쟁을 일으켜 자신의 식민지를 늘리고 싶었을 뿐이에요. 이런 속셈은 다른 나라도 마찬가지였지요. 오스트리아의 뒤에는 독일이 버티고 있었고 러시아의 뒤에서는 영국이 신경을 곤두세우고 있었어요.

오스트리아의 요구를 전해 들은 세르비아 사람들은 분해서 어쩔 줄을 몰랐어요.

"세르비아가 누구의 나라인데 이래라저래라 마음대로 하는 거야? 도대체 우리 민족을 뭐로 보고 있느냔 말이야."

세르비아는 오스트리아가 요구한 것 중에서 일부분만 받아들이겠다고 대답했어요. 그러자 오스트리아는 기다렸다는 듯이 세르비아에게 선전 포고를 했어요. 1914년 7월 28일, 사라예보 사건이 일어난 지 한 달 만이었지요.

오스트리아가 사라예보와 전쟁을 하겠다고 나서자 러시아가 제일 먼저 세르비아를 돕기 위한 군대를 보냈어요.

"러시아가 우리와 동맹을 맺은 오스트리아와 전쟁을 시작했습니다. 그러므로 우리 독일은 러시아에 선전 포고를 합니다. 또 프랑스가 중립국인 벨기에를 침략했기 때문에 프랑스에게도 선전 포고를 합니다."

"독일은 프랑스로 쳐들어가기 위해서 중립국인 벨기에를 침략했습니다. 우리 영국은 이런 신사적이지 못한 짓을 가만히 보고 있을 수 없습니다."

"영국과 일본은 서로 동맹을 맺은 사이입니다. 그러므로 우리 일본은 영국에서 하는 전쟁을 가만히 보고 있을 수만은 없습니다. 우리도 독일에 맞서 함께 싸우겠습니다."

"영국이 자신을 도와 전쟁에 참가한다면 전쟁이 끝난 후 우리 인도를 독립시켜 주겠다고 했습니다. 그러니 우리도 전쟁에 참가합시다."

"우리 이탈리아는 원래 오스트리아, 독일과 함께 삼국 동맹을 맺고 있었습니다. 하지만 삼국 동맹이 이탈리아에게 도움을 준 것은 별로 없었지요. 그래서 우리는 삼국 협상 편에 서기로 했습니다."

이렇게 세계 여러 나라들은 삼국 동맹이나 삼국 협상 중 자기 나라에 유리한 편을 들었어요. 전쟁이 시작된 지 한 달 만에 유럽의 거의 모든 나라가 전쟁에 뛰어들었어요. 게다가 유럽 여러 나라들은 각각 자신의 식민지 국민들까지 전쟁에 동원했기 때문에 결국 세계 전체가 전쟁에 휘말려 들었지요.

이 전쟁은 아무도 예상하지 못했던 어마어마한 규모의 세계 전쟁이 되었어요. 전쟁 중에 죽은 사람이 850만여 명이나 되고, 다친 사람과 실종된 사람, 포로로 잡힌 사람 등을 합한 피해자는 4,000만 명에 가까울 정도였어요.

양측의 군대는 곳곳에서 팽팽하게 맞섰고 엎치락뒤치락하며 결정적인 승부를 보지 못하고 있었어요. 전쟁이 장기화되면서 러시아에서는 혁명이 일어나 전쟁을 중지했어요. 반면 중립국이었던 미국은 뒤늦게 참가해 삼국 동맹 쪽에 큰 타격을 주었어요. 결국 삼국 동맹 측의 국가들은 차례로 손을 들었고 마지막으로 독일도 국내에서 혁명이 일어나 왕이 물러나면서 전쟁을 포기했어요. 제국주의 전쟁인 제1차 세계 대전은 5년 만에 삼국 협상 연합군의 승리로 끝났지요.

전쟁이 끝났다고 해서 제국주의 국가들 간의 갈등이 마무리된 것은 아니었어요. 전쟁에 이긴 나라나 진 나라나 모두 많은 문제들을 끌어안고 있었기 때문에 곧 또 다른 전쟁이 이어질 수밖에 없었지요.

"아! 다리 저려. 너무 오래 쪼그려 앉아 있었나 봐요."

준희 언니의 이야기가 끝나자 현아가 소리쳤어요. 준희 언니가 현아를 일으켜 주었고, 준호는 혼자서 억지로 일어나려다가 그만 엉덩방아를 찧고 말았지요.

"그만 들어가자. 다음에 혹시 거미가 배고프지 않은데도 재미 삼아 파리를 잔뜩 잡아 늘어놓는 걸 보게 되면 그때는 꼭 파리를 도와줘야지."

준호가 말하고 앞장서 집으로 들어갔어요. 현아도 거미줄에 걸린 파리를 그냥 두고 집으로 돌아갔지요.

병사들이 총부리를 거꾸로 돌리다

 러시아 혁명

"누나, 빨리 공부해."

현수가 현아 옆에서 문제집을 펼쳐 놓고 계속 잔소리를 해 댔어요. 시험이 며칠 안 남아서 엄마가 현아 시험 공부하는 것을 현수에게 감시하라고 시켰거든요. 그런데 오늘 현아는 열이 심해서 도저히 공부를 할 수 있는 상태가 아니었어요.

"나 머리 아파 죽겠단 말이야. 잠깐만 쉬었다 할 테니까 너 좀 나가 있어."

"안 돼. 엄마가 누나 학교에서 돌아오면 일단 이 문제집부터 풀게 하라고 했어. 이거 다 하기 전까지는 아무것도 못 하게 하라고 했어."

현수는 막무가내였어요.

현아와 현수가 이렇게 승강이를 하고 있을 때 준희 언니가 왔어요. 현아 이마에 손을 대 본 언니는 깜짝 놀랐지요.

"일단 약부터 먹고 한숨 자는 게 좋겠다. 언니가 엄마한테 전화해 줄게."

현아는 준희 언니가 사다 준 약을 먹고 자리에 누웠어요. 현아는 잠을 청하면서 머리맡에서 준희 언니가 현수에게 하는 말을 들었어요.

"현수야, 엄마가 시키신 대로 일을 잘하는 것도 중요한데, 누나가 이렇게 아프면 먼저 엄마한테 연락했어야지."

"저는 아침에 엄마가 시키신 대로 한 것뿐이에요. 이번 시험 잘 봐야 하는데……."

현수는 여전히 현아의 시험을 걱정하고 있었어요.

"시험보다는 건강이 중요하잖아. 엄마는 누나가 아픈 것을 모르셨고 상황이 바뀌면 엄마의 판단도 달라질 수 있어. 엄마가 잘못된 판단을 하고 있다면 네 생각을 얘기할 수도 있고."

준희 언니는 계속해서 현수에게 러시아 혁명 과정에서 차르의 명령을 어기고 민중의 편으로 돌아섰던 병사들에 대한 이야기를 해 주었어요.

아시아와 동부 유럽에 걸친 거대한 영토를 갖고 있던 러시아는 슬라브 민족을 중심으로 한 나라였어요. 여러 부족으로 나뉘어서 이동해 오던 슬라브인들은 9세기 후반에 키예프 공국이라는 나라를 세웠어요. 키예프 공국은 비잔티움 제국의 크리스트교를 받아들였고, 주변의 작은 나라들을 지배했어요. 그러다 11세기에 이르러 여러 도시 국가로 다시 분열되었는데, 그중 하나가 모스크바 공국이에요.

1240년부터 이 지역은 몽골의 지배를 받았어요. 240년 동안이나 계속된 몽골의 지배 때문에 이 지역은 유럽과 교류를 하지 못한 채 고립되어 있었어요. 그 사이 힘을 키워 온 모스크바 공국은 몽골의 지배가 느슨해지자 곧 주변의 나라들을 통합해 나갔어요. 이즈음부터 모스크바 공국에서는 농노제가 생겨나고, 왕을 차르(황제)라고 부르기 시작했어요.

그러나 모스크바 공국은 왕위를 둘러싼 지배층의 다툼과 농민들의 반란을 겪으며 약해졌고, 1610년에는 폴란드의 침략을 받아서 결국 멸망했어요. 모스크바 공국의 뒤를 이은 것이 로마노프 왕조예요. 국민들이 나서서 국민군을 만들어 폴란드를 물리치고 새로운 왕조를 세운 것이지요.

로마노프 왕조의 네 번째 차르인 표트르 대제는 영토를 크게 넓히고 유럽과 본격적으로 교류를 시작했어요. 유럽에 비해 정치적으로나 경제적으로 많이 뒤처져 있던 러시아는 유럽을 따라가려고 애썼지요. 수도도 모스크바에서 상트페테르부르크로 옮겼는데, 이 도시는 유럽으로 열린 창 역할을 하도록 계획적으로 건설한 것이었어요.

이후 러시아는 나폴레옹과의 전쟁에서 승리하면서 유럽에서 무시할 수 없는 나라로 자리를 잡았어요. 그러나 나폴레옹 전쟁은 다른 한편으로 러시아에 새로운 바람을 몰고 오기도 했어요. 유럽 시민 혁명의 자유로운 사상이 전해진 것이지요. 이후 러시아에서는 농노의 해방, 입헌 군주제, 공화제 등을 요구하는 반란들이 일어났어요.

차르도 이러한 요구를 받아들여 농노를 해방시키고 지방 자치 기구를 만드는 등 근대적인 개혁을 실시했어요. 하지만 개혁에도 불구하고 러시아 국민들의 생활은 나아지지 않았어요. 농노 신분에서 해방된 농민들은 도시의 공장에서 일했지만 적은 월급을 받으며 형편없는 환경에서 힘들게 살아야 했어요.

더구나 나라 밖에서 잇따라 전쟁에 패배하면서 차르에 대한 불만은 높아만 갔어요. 1853년부터 시작된 크림 전쟁은 크림 반도를 차지하기 위해 오스만 투르크와 벌인 전쟁인데, 크림 반도는 러시아가 남쪽으로 세력을 뻗치기 위해 꼭 필요한 땅이었어요. 이 전쟁에서 패배하면서 러시아는 크게 휘청거렸어요.

뒤이어 1904년에는 일본과 전쟁을 시작했어요. 전쟁 중에 러시아 국내에는 먹을 것이 부족하고 물가는 하늘 높은 줄 모르고 뛰어올랐어요. 더 참을 수 없게 된 상트페테르부르크의 노동자들은 1905년 1월 22일, 차르의 궁전을 향해 몰려갔어요.

"폐하, 저희들은 폐하에게 도움을 청하고자 궁궐로 갑니다. 저희들은 하루 종일 힘들게 일하지만 먹을 것이 없습니다. 저희가 바라는 것은 하루 여덟 시간만 일하고 먹고 살 수 있을 만큼의 월급을 받는 것뿐입니다."

가폰이라는 신부님이 맨 앞에 서서 사람들을 이끌며 말했어요.

하지만 차르가 사는 궁궐 앞 광장에 도착해 보니 총을 든 군대가 막아서 있었어요. 그래도 사람들은 멈추지 않았지요.

"탕, 탕, 탕탕탕!"

갑자기 총소리가 사방을 뒤흔들고, 앞줄의 사람들이 쓰러졌어요. 하얀 눈이 쌓인 광장은 순식간에 사람들이 흘린 피로 새빨갛게 물들었지요. 이 날 총에 맞아 죽은 사람은 500명 정도였고, 부상을 당한 사람은 수천 명이었어요. 1월 22일은 일요일이었기 때문에 사람들은 이날을 '피의 일요일'이라고 불러요.

피의 일요일 사건이 있고 난 뒤부터 러시아 사람들은 차르를 믿지 않았어요. 노동자들은 러시아의 이곳저곳에서 파업을 벌였고 차르도 더는 버틸 수 없었지요. 차르는 그해 10월, 헌법과 국회를 만들고 국민의 여러 가지 권리를 보장하겠다는 약속을 했어요.

하지만 선거를 통해 의회가 만들어지고 난 뒤에도 노동자나 농민들의 생활은 조금도 나아지지 않았어요.

차르는 여전히 경찰과 군대를 동원해서 국민들을 억누르려고만 했어요.

그러던 중 제1차 세계 대전이 시작되었어요. 러시아 사람들은 군대에 동원되었고 전쟁에 필요한 물건을 만들어 내느라고 다른 물건은 만들어 낼 틈이 없었어요. 물가가 오르고 그나마 돈이 있어도 물건을 구할 수가 없을 지경이 되었어요. 먹을 것도 부족해서 도시에서는 군대가 나서서 시민들에게 식량을 나누어 주어야 할 정도였어요.

1917년 3월 러시아의 수도, 상트페테르부르크에는 무섭게 추운 날씨에도 불구하고 빵을 배급받기 위해 사람들이 길게 줄을 서 있었어요.

"빵이 떨어졌습니다. 그만 돌아들 가세요."

빵을 나눠 주던 군인이 말했어요.

"아니, 빵이 없으면 우리는 모두 굶어 죽으란 말이오?"

"빵을 주세요. 집에서는 아이들이 벌써 며칠째 굶고 있단 말이에요."

"어서 빵을 내놓아요."

줄을 서 있던 사람들은 이렇게 울부짖었지요.

러시아 민중들은 자신들의 권리를 찾기 위해 다시 한 번 일어났어요. 시위는 상트페테르부르크의 여자들로부터 시작됐어요. 세계 여성의 날인 3월 8일에 가난한 군인의 아내, 또는 공장에서 일하는 여성 노동자들이 모여서 시위를 벌였어요. 여성뿐 아니라 많은 노동자들이 이 시위에 참석했어요. 그리고 그 다음 날에는 노동자들의 대규모 파업이 시작되었어요.

시위와 파업은 곧 러시아 전체로 번져 갔어요. 시위를 막아야 할 경찰이나 군인들도 마음속으로는 시위대의 편이었어요. 대부분 가난한 농민이었던 병사들에게 시위대는 모두 자신들의 가족이었으니까요. 총을 쏘라는 명령이 떨어졌지만 병사들은 차마 사람들에게 총을 쏠 수 없어서 하늘을 향해 총을 쏘았어요.

며칠이 지난 뒤부터는 병사들이 아예 시위대 편으로 돌아섰어요.

"총을 쏴라!"

장교들이 명령하자 병사들은 총부리를 장교들에게로 돌렸어요. 시위대에서는 박수가 터져 나왔지요. 병사들은 시위대와 함께 감옥과 관청을 차지하고, 그동안 차르의 독재에 맞서다 갇힌 사람들을 풀어 주었어요.

"우리가 이대로 흩어져 버리면 또다시 어떤 독재자가 나와서 우리를 못살게 굴지 알 수 없는 일입니다. 그러니 우리는 흩어지지 말고 하나로 힘을 합해야 합니다."

"그래요. 그러려면 우선 우리들의 대표를 뽑는 것이 좋겠어요."

시위에 참여했던 병사와 노동자들은 곧 '노동자·병사 대표 소비에트'를 만들고, 신문을 만들어 소식을 전하기도 했어요.

사태가 이 지경이 되자 의회에서는 황급히 차르를 물러나게 하고 임시 정부를 꾸렸어요. 이렇게 해서 러시아에서도 왕이 백성을 다스리는 시대는 끝난 것이지요. 이것을 3월 혁명(또는 2월 혁명)이라고 해요.

3월 혁명으로 차르가 물러나자 독일에 망명해 있던 레닌이 돌아왔어요. 레닌은 마르크스의 사회주의 이론으로 러시아에서 혁명을 일으키기 위해 일하던 사람이지요. 그는 혁명을 준비하고 지도하다 붙잡혀 시베리아로 쫓겨 가기도 했고 그 후에는 외국으로 떠돌아다녀야 했어요.

"레닌이 돌아왔다!"

"우리의 지도자, 레닌이 드디어 돌아왔다!"

레닌이 러시아에 도착하자 수많은 사람들이 몰려나와 그를 맞았어요. 레닌은 환영하는 사람들에게 외쳤어요.

"모든 권력을 소비에트로!"

노동자를 비롯한 민중의 대표가 모인 '노동자·병사 대표 소비에트'에서 모든 권력을 가져야 한다는 뜻이었어요. 즉, 의회가 아니라 민중들이 스스로 만든 소비에트가 정권을 잡아야 한다고 주장했던 것이지요.

"임시 정부는 우리 노동자들의 편이 아닙니다. 노동자들이 피를 흘리며 싸워서 겨우 얻어 낸 자유와 권리를 빼앗아 가려 할 뿐입니다. 더 이상 누구의 지배도 받지 않고 우리 노동자와 농민의 국가를 만들어야 합니다."

레닌은 임시 정부를 무너뜨리고 소비에트 공화국을 만들자고 했지요. 또 그는 제1차 세계 대전은 제국주의 사이의 싸움일 뿐이므로, 이 전쟁에 반대해야 한다는 주장도 했어요.

결국, 그해 11월에는 레닌의 지도에 따라 러시아에는 노동자와 농민의 정부가 세워졌어요. 이것이 사회주의 혁명인 11월 혁명(또는 10월 혁명)이지요.

그 후에도 소련은 사회주의 국가를 건설하기 위한 여러 과정을 거쳐야 했어요. 토지와 공장, 은행 등을 국가의 소유로 하고, 사회주의를 반대하는 사람들과 싸움을 벌이기도 했어요. 그 결과 1922년에는 소비에트 사회주의 공화국 연방, 즉 소련을 만들 수 있었어요.

이후 동유럽의 여러 나라들, 중국, 북한 등 많은 사회주의 국가가 세워졌고, 소련은 이들 사회주의 국가의 중심이 되었지요. 이때부터 세계는 자본주의와 사회주의로 갈라져 서로 다투고 경쟁하게 됐어요.

"누나가 무슨 말을 하려고 이 이야기를 해 줬는지 이해할 수 있겠지? 사람들이 모여서 사회를 이루고 살기 위해서는 정해진 규칙이나 지휘자의 지시에 따르는 것이 꼭 필요해. 그렇지 않으면 사회가 혼란스러워질 테니까. 하지만 다른 한편으로 사람은 언제나 스스로의 판단에 따라 잘못된 규칙이나 지시에 맞설 수도 있어야 해. 그런 냉철한 이성과 용기가 있었기 때문에 역사가 발전해 올 수 있었던 거야."

준희 언니가 현수에게 설명해 주었어요.

"그런데 누나 이야기에서 이상한 점이 있었어요. 왜 2월 혁명이라고도 하고 3월 혁명이라고도 하는 거예요? 10월 혁명이라고도 하고 11월 혁명이라고도 하고요. 도대체 혁명이 일어난 것이 몇 월이죠?"

"아, 그건 혁명이 일어날 당시에 러시아에서 사용하던 달력이 지금의 것과 달랐기 때문이야. 당시 러시아의 달력으로는 2월, 10월이기 때문에 러시아 사람들은 2월 혁명, 10월 혁명이라고 부르는 거지."

현수가 묻자 준희 언니가 대답해 주었어요. 그 사이 준희 언니 목소리에 귀를 기울이고 있던 현아는 슬그머니 잠이 들어 버렸지요.

인도의
독립 투쟁

 간디의 불복종 운동

현아가 같은 반 친구 진욱이를 때려서 다치게 했어요. 필통으로 어깨를 때린다는 것이 빗나가는 바람에 필통 모서리에 친구의 볼이 찢겨 버렸지요. 큰 상처는 아니었지만 엄마가 진욱이네 집에 전화를 걸어 사과를 해야 했어요.

"진욱이가 먼저 때렸단 말이에요. 처음에는 그래도 참았는데 자꾸 그러니까 도저히 참을 수가 없었어요."

야단을 맞으면서도 현아는 끝까지 우겼어요.

"그 형 정말 못됐어요. 우리 학년 아이들한테도 유명하다고요. 한번 혼내 준 건 잘한 거예요."

현수도 이번만큼은 현아 편을 들어 주었어요.

"뭘 잘했다고 남매가 한통속이 돼서 떠들어 대는 거야? 조용히 해. 어떤 이유로든 친구를 다치게 했잖아."

실컷 야단을 맞고 난 현아는 기분이 나빠서 놀이터에 나갔어요. 저녁 식사 시간이라 놀이터에는 아이들이 한 명도 남아 있지 않았지요. 현아가 혼자서 그네를 타고 있는데 현수와 준희 언니, 준호가 왔어요.

"현수한테 얘기 들었어. 많이 혼났니?"

"응. 그래도 난 속이 다 시원해. 진욱이가 나한테 맞고 엉엉 울면서 보건실로 가는 걸 보고 어떤 아이들은 손뼉을 쳤다니까."

준호가 묻자 현아는 언제 야단을 맞았느냐는 듯이 신이 나서 떠들어 댔어요.

"그래도 때리지는 말지……."

"폭력에 폭력으로 맞서는 것보다 평화적인 방법을 택하는 것이 현명할 수도 있어. 마하트마 간디처럼 말이야."

준호가 말끝을 흐리자 준희 언니가 이어서 말했어요. 현아는 그네에 앉아서 준희 언니가 해 주는 간디 이야기를 들었지요.

바스코 다 가마가 인도로 가는 뱃길을 여는 데 성공한 뒤로 서구의 여러 나라들은 앞다퉈 인도를 찾아갔어요. 인도와 유럽 사이의 무역을 독차지하면 엄청난 이득을 챙길 수 있었기 때문이었지요.

당시 인도에는 무굴 제국과 마라타 왕국이 있었어요. 1526년에 세워진 무굴 제국은 세 번째 왕인 악바르 때 인도 전체를 지배하기 시작했고, 이슬람을 국교로 삼았어요. 힌두교 국가인 마라타 왕국은 17세기 말에 힘을 키워서 무굴 제국과 경쟁하고 있었고요.

가장 발 빠르게 인도와의 무역에 나선 것은 영국이었어요. 영국은 이미 1600년에 동인도 회사를 세웠고, 이를 앞세워 차츰 인도 전체를 식민지로 만들어 갔어요. 프랑스도 1668년에 동인도 회사를 세워 영국에 맞섰어요. 결국 두 나라 사이에 전쟁이 일어났고, 그 결과 영국이 승리해 인도에서 프랑스 세력을 몰아낼 수 있었어요.

영국인들은 인도에서 많은 세금을 거둬들였어요. 넓은 땅을 가진 지주에게 높은 세금을 내게 하고 만약 정해진 날짜까지 세금을 내지 않으면 땅을 빼앗아 버렸지요. 그러면 결국 지주들은 농민들에게 그 돈을 거둬들이기 때문에 인도의 농민들은 무척 가난하게 살았어요.

인도는 옛날부터 면화를 키워서 면직물을 만들어 내는 것으로 유명한 나라였어요. 처음에 영국은 인도의 면직물을 사다가 아프리카나 유럽에 비싸게 팔아 이익을 얻었지요. 그러나 영국에서 산업 혁명이 일어난 뒤부터는 처지가 바뀌었어요.

영국에서도 면직물이 많이 만들어지기 때문에 인도의 것을 사 갈 필요가 없어졌지요. 인도의 면직물 공장은 하루아침에 문을 닫고 노동자들은 거리로 내쫓겼어요.

영국은 인도에서 면직물의 원료가 될 면화와 염색약을 사 가고 대신 면직물을 들여다 팔았어요. 중국에 팔 아편까지도 인도에서 만들어 내게 했지요.

 인도 사람들은 당연히 영국을 미워했고, 결국은 1857년에 세포이 항쟁이 일어났어요. 영국군에 있던 인도 사람, 세포이가 영국군 장교를 죽이고 반란을 일으켰던 것이지요. 세포이 항쟁은 곧 전국으로 퍼져서 최초의 인도 독립 전쟁이 되었어요.

영국 군대의 힘에 눌려 전쟁은 2년 만에 실패로 끝났고, 영국은 황급히 인도의 지배 방법을 바꾸었어요. 즉, 이전까지 동인도 회사를 통해 지배하던 것을 그때부터는 직접 다스리는 것으로 바꾸었지요. 1858년에는 인도 제국을 만들고 영국 왕이 인도 제국의 황제가 되었어요. 그리고 인도인들의 정치 활동은 모두 금지해 버렸어요.

간디는 세포이 항쟁이 일어난 지 10년 만인 1869년에 태어났어요. 그는 영국으로 유학을 가서 변호사 자격증을 따 가지고 왔어요. 인도에 돌아와서 법률 사무소를 차렸지만 사업이 잘되지는 않았어요. 그때 마침 남아프리카에 가서 장사를 하는 인도 상인이 변호사를 구한다는 소식이 전해졌어요. 그는 그 일을 맡기로 했지요.

1893년, 간디는 가족과 헤어져 남아프리카를 향해 떠났어요. 그는 이때부터 22년 동안 남아프리카에서 살았지요. 남아프리카도 인도와 마찬가지로 영국의 식민지였어요. 그곳에 사는 동안 간디는 백인들의 인종 차별을 지켜보고 또 직접 당하기도 했어요.

어느 날 간디는 마차를 탔어요. 마차에는 빈 좌석이 몇 개 없어서 그는 어느 백인 옆자리에 가서 앉았어요. 그러자 차장이 쫓아와서 소리쳤어요.

"이봐, 여기 앉으면 어떻게 해? 여기는 백인들의 자리라고. 저리 가서 앉아."

차장은 마부가 앉는 자리를 가리켰어요. 간디는 하는 수 없이 그쪽으로 옮겨 앉았지요. 하지만 얼마 가지 않아 차장이 다시 다가왔어요.

"일어나. 내가 좀 앉아야겠으니 그만 일어나라고."

차장은 거리낌 없이 이렇게 말했어요. 간디도 더는 참을 수 없었지요.

"여긴 내 자리요. 못 일어나겠소."

이렇게 버티자 차장은 간디를 사정없이 두들겨 패서 마차 밖으로 끌어내 버렸어요. 또 어느 날 밤에는 백인들만 다닐 수 있는 길을 걸어 다녔다고 해서 경찰에게 발길질을 당하기도 했어요.

간디는 그곳에서 영국이 인도나 남아프리카를 얼마나 괴롭히고 세상을 악하게 만드는지를 알게 됐어요. 그는 남아프리카에서 인도 사람들의 권리를 지키기 위한 단체를 만들어서 인종 차별에 대항하는 싸움을 벌였어요.

한편, 인도에서는 국민 회의와 전 인도 이슬람 연맹 등의 단체가 만들어져서 인도의 독립을 위한 싸움을 시작했어요. 1885년에 만들어진 국민 회의는 처음에는 영국이 인도를 지배할 때 어떤 점을 개선해 주었으면 좋겠다는 건의를 하는 정도의 소극적인 활동만 했어요. 하지만 영국의 억압이 점점 더 심해지자 인도 사람들의 민족의식도 커져만 갔어요. 이에 따라 국민 회의도 차차 독립을 위한 싸움에 앞장서게 되었지요.

하지만 독립 운동이 쉽게 진행되고 있었던 것은 아니었어요. 국민 회의 내에도 서로 생각이 달라 갈라지기도 했고, 힌두교와 이슬람교 신자들이 종교적인 차이로 싸우기도 했어요. 영국은 인도 사람들이 종교 문제로 서로 싸우도록 부추겼지요.

이즈음 제1차 세계 대전이 일어났어요. 영국은 독일에 맞서 싸우기 위해서 인도의 도움이 필요했지요. 영국은 인도가 영국을 도와 전쟁에 참가한다면 전쟁이 끝난 후에 인도가 독립할 수 있도록 도와주겠다는 약속을 했어요.

인도 사람들은 그 약속을 믿고 일단 영국의 전쟁을 도와주기로 했어요. 식량을 비롯한 여러 가지 물건을 보내 주었고, 많은 인도 젊은이들이 전쟁터에서 목숨을 잃었어요.

간디는 전쟁 중이던 1915년 인도로 돌아와 있었어요. 그도 인도의 독립을 위해 제1차 세계 대전에서 영국에 협조해야 한다고 생각했어요. 하지만 전쟁에서 이기고 난 뒤 영국은 인도와의 약속을 저버렸어요. 독립을 시켜 주기는커녕 '롤라트 법'이라는 지독한 법을 만들었어요. 이 법에 의하면 영국의 지배에 대항하는 사람은 재판도 하지 않고 모두 감옥에 가둘 수 있었어요.

이 법이 발표되자 간디는 즉시 맞서 싸우자고 외쳤어요. 간디뿐 아니라 인도 사람들 모두 힘을 모아 싸웠지요. 노동자들은 파업을 했고 상인들은 가게 문을 닫아 버렸어요. 인도의 거리에서는 사람을 찾아볼 수 없었고, 교통도 완전히 멈춰 버렸지요.

"우리는 영국에 맞서서 폭력을 사용해 싸워서는 안 됩니다. 평화적인 방법으로, 영국의 지배에 따르지 않는 방법으로 해야만 하지요. 그렇게 해서 인도를 지배하고 있는 영국 사람들의 마음을 바꾸어야 합니다."

간디는 이렇게 말했어요. 이런 운동을 사티아그라하라고 부르지요.

하지만 영국은 평화적인 사티아그라하 운동을 아주 잔인하게 짓밟았어요. 1919년 4월 13일 암리차르에서 있었던 집회를 영국군이 공격해서, 4,000명이 죽고 약 1,000명이 부상을 당했던 거예요. 암리차르에는 아직도 그때 영국군이 쏜 총 자국이 남아 있어요. 영국은 암리차르에서의 학살 사실을 숨기려고 애썼지만 이 소식은 결국 세상에 알려졌고, 영국에 대항하는 싸움은 계속 더욱 거세졌어요.

이후로도 간디는 영국의 지배에 맞서 인도인의 권리를 찾고 인도가 독립하기 위한 투쟁의 선두를 지켰어요. 그 사이 여러 차례 감옥에 갇혔지만 풀려나면 다시 인도 여기저기를 돌아다니며 비폭력 저항 운동 즉, 사티아그라하 운동을 지도해 나갔지요.

그는 영국이 지배하고 있는 의회에는 참가하지 않고, 영국 물건도 사 쓰지 말자는 운동을 벌였어요. 국립 학교에도 다니지 말고, 영국인의 은행에는 돈을 맡기지 말자고 했지요. 또 국산품을 사용하자는 운동도 벌여 나갔어요. 간디도 자기 손으로 물레를 돌려서 인도에서 키운 면화로 옷감을 짜서 옷을 만들어 입었지요.

날이 갈수록 간디는 인도 사람들의 존경을 받았어요.

"저 분은 정말 훌륭한 영혼을 가진 우리의 지도자야."
 사람들은 간디를 마하트마라고 불렀지요. 마하트마는 위대한 영혼이라는 뜻이에요.

"그렇게 해서 인도는 독립을 했나요?"

준희 언니의 이야기가 끝나자 현아가 물었어요.

"물론 간디의 비폭력 저항 운동으로 인도가 독립할 수 있었던 것은 아니야. 하지만 간디의 투쟁을 통해 인도 사람들은 민족정신을 드높일 수 있었고, 이후의 독립 투쟁을 위한 토대를 마련하기도 했어. 또 평화를 사랑하는 그의 정신은 인류에게 큰 교훈으로 남게 됐어."

"그러니까 너도 다음부터 진욱이가 때린다고 같이 때리지 말고, 진욱이가 때리지 못하게 만들 다른 방법을 찾아보라고."

준희 언니가 현아의 질문에 답하자 준호도 한마디 보탰어요.

"몰라, 몰라! 그런 방법이 도대체 어디 있니? 그리고 이제 그런 방법 같은 건 찾을 필요도 없어. 오늘 혼이 났으니까 앞으로 내 앞에선 절대 까불지 못할 테니 말이야. 알고 보니 진욱이는 힘도 약하고 어지간히 겁쟁이더라고."

현아는 고개를 마구 흔들어 대더니 힘차게 발을 굴러 그네를 타기 시작했어요.

검은 목요일,
비극의 화요일

 세계 대공황

"어, 이게 뭐야? 여기 돈이 있네!"

현아 방에서 놀던 준호가 책꽂이에서 돈을 찾아냈어요.

"그 돈 내가 모아 놓은 거야. 건드리지 마."

"이게 네 돈이라는 증거가 어디 있어? 내가 찾은 거니까 내 것이지."

현아가 화들짝 놀라서 돈을 빼앗으려고 하자 준호가 말했어요.

"돈을 모으려면 은행에 저금을 해야지 책꽂이에 숨겨 두면 어떡해? 이자가 붙는 것도 아니고, 누나같이 기억력 나쁜 사람은 언제 깜빡 잊어버릴지 모르는데."

현수가 한심하다는 듯이 말했어요.

"이자? 은행에 저금을 하면 이자를 줘?"

"난 그게 참 이상해. 돈을 은행에 맡겨 두면 보관해 주는 값을 받아야지 왜 오히려 돈을 더 얹어 주는 걸까? 돈이 은행 금고 안에서 자라거나 새끼를 치는 것도 아닌데 말이야."

현수의 말에 현아는 귀가 솔깃했지만 준호는 시큰둥했어요.

"자본주의 사회에서는 돈이 자라기도 하고 줄어들기도 해."

옆에서 듣고 있던 준희 언니가 수수께끼 같은 말을 했어요.

"은행을 비롯한 금융 기관은 사람들이 맡긴 돈을 단순히 보관하는 게 아니야. 그 돈을 이자를 받고서 다른 사람이나 기업에 빌려 주거나 투자를 하지. 그렇게 해서 돈을 맡긴 사람들한테 이자를 줄 수 있는 거야."

준희 언니는 계속해서 자본주의와 세계 대공황에 대한 이야기를 해 주었어요.

18세기부터 영국, 프랑스 등 유럽의 몇몇 나라에서는 자본주의가 발달하기 시작해요. 산업 혁명을 거치면서 완성된 자본주의는 차차 독일, 미국 등 다른 나라로 확산되어 갔어요. 지금 우리나라도 자본주의 국가예요.

자본주의는 기업이 돈을 벌기 위해 노동자를 고용해 상품을 생산하는 경제 체제예요. 자본주의 사회에서는 재산을 가진 사람이면 누구나 기업을 만들 수 있어요. 왕이나 귀족처럼 특별한 지위를 가진 사람, 또는 정부의 어떤 기관 등이 아니라 개인이 기업의 주인이지요. 기업은 기계 설비를 갖춘 공장이나 물건을 실어 나를 수 있는 교통수단 등 무언가를 생산해 낼 수 있는 조건을 갖추어 놓고서 노동자를 고용해요. 노동자는 이런 생산 수단을 갖고 있지 않기 때문에 일을 해서 돈을 벌어야 하는 사람들이에요.

　기업은 주식을 발행해서 기업의 운영에 필요한 돈을 마련하기도 해요. 주식은 기업에 얼마의 돈을 투자했다는 증명서 같은 것이에요. 예를 들어 A라는 기업이 총 1,000만 주를 발행했는데 내가 그중 10주를 갖고 있다고 생각해 보세요. 그러면 A라는 기업의 100만 분의 1은 내 소유가 되는 것이에요. 만약 내가 A라는 기업의 주식을 처음 살 때는 1주에 5,000원에 샀는데, 그 기업이 성장하면 1주의 값이 50만 원이 될 수도 있어요. 반대로 기업이 수익을 내지 못한다면 500원으로 떨어질 수도 있고요.

　주식 값을 보면 그 사회의 경제 사정이 어떤지를 알 수 있어요. 경제가 균형 있게 발전해 갈 때는 사람들이 기업에 투자를 많이 하고, 그러면 기업에서는 더 좋은 기계를 들여다가 더 많은 물건을 만들어 낼 수 있고, 그러려면 일할 사람들도 많이 필요해지니까 일자리도 늘어나지요.

　자본주의 사회에서는 누구도 기업에게 무엇을 얼마나 생산하라고 알려 주지 않고, 생산한 상품을 얼마에 팔아야 한다고 정해 주지도 않아요. 기업은 서로 경쟁해 가면서 어떻게든 많은 이익을 얻으려고 노력하지요.

　자본주의 사회의 물건 값은 시장에서 결정돼요. 팔려는 사람보다 사려는 사람이 많으면 물건 값은 자연히 올라가고, 사려는 사람보다 팔려는 사람이 많으면 값이 떨어지지요. 또 값이 올라가면 공장에서는 더 많은 물건을 만들어 내고 값이 떨어지면 그 물건을 그만 만들지요. 이렇게 해서 아무도 이 물건을 몇 개 만들라고 말하지 않지만 물건은 적당한 양만큼 만들어져서 팔려요. 그래서 아담 스미스라는 학자는 '보이지 않는 손'이 물건을 만들어 팔고 사는 것을 조정한다고 했어요.

그런데 자본주의 사회에서는 가끔 이 보이지 않는 손이 움직이지 못하게 되어 버리는 시기를 겪기도 해요. 물건을 사 쓸 사람들에게는 돈이 없는데 너무 많은 물건들이 쏟아져 나오기 때문이지요. 물건이 아무리 많이 있고 그 값이 아무리 싸더라도 사람들에게 돈이 없으면 사지 못하니까요. 그러면 공장은 문을 닫고 노동자들은 직업을 잃게 되지요. 노동자들이 직업을 잃어 돈을 벌 수 없으니 물건은 더욱더 팔리지 않고요. 이것이 바로 공황이에요.

공황은 비슷한 간격으로 계속 일어났는데, 그중에서도 1929년에 시작된 공황이 가장 심각한 것이었기 때문에 세계 대공황이라고 불러요.

제1차 세계 대전이 끝나고 미국은 세계 경제의 중심이 되었어요. 미국은 제1차 세계 대전에서 연합군이 승리하는 데 큰 공을 세웠어요. 그뿐 아니라 전쟁에 필요한 물건들을 만들어 팔아 많은 돈을 벌었고, 연합군의 여러 나라에도 돈을 빌려 주었어요. 그래서 전쟁이 끝난 뒤부터는 미국이 세계 경제의 중심이 되었지요.

1920년대에 세계 경제는 미국을 중심으로 크게 발전했어요. 커다란 공장에서 새로운 기계를 이용해서 똑같은 물건들을 무수히 만들어 냈지요.

라디오나 자동차 같은 물건들이 쏟아져 나왔어요.

미국의 기업들은 큰돈을 벌었지만 노동자들의 월급을 올려 주지는 않았어요. 또 기술이 발달해서 전보다 물건을 훨씬 손쉽게 많이 만들어 내면서도 물건 값은 내리지 않았어요. 그러다 보니 미국의 경제는 발전해도 노동자들은 가난하게 살았고 돈은 몇몇 부자들에게만 몰렸어요. 부자들은 돈을 은행에 쌓아 두거나 주식을 사는 데 썼지요.

세계 대공황은 주가가 뚝 떨어지는 것에서 시작되었어요. 1929년 10월 24일 증권 시장이 있는 뉴욕에서는 큰 소동이 벌어졌어요. 바로 전날까지만 해도 주식을 사려는 사람들이 서로 경쟁을 벌였었는데 이날은 사려는 사람은 없고 팔겠다는 사람만 줄을 섰지요. 그동안 쌓여 왔던 미국 경제의 문제점들이 폭발해 버린 거예요.

"아이고! 이제 나는 망했네. 내 전 재산이 하루아침에 휴지 조각이 되어 버렸으니 이를 어쩌나."

주식을 많이 갖고 있던 사람들은 이렇게 소리치며 넋을 잃었어요. 하루 동안에 11명이나 자살을 하기도 했지요. 사람들은 이날을 검은 목요일(또는 암흑의 목요일)이라고 불러요. 그리고 닷새 후에 주식 값이 다시 떨어져서 이날은 비극의 화요일이라고 불러요. 그 이후로도 주식 값은 계속 곤두박질쳐서 2년 반 만에 89퍼센트가 떨어졌어요.

은행도 문을 닫기 시작했어요. 은행에서 돈을 꾸어다가 주식을 샀던 사람들이 빚을 갚지 못했기 때문이에요. 은행이 망하는 것을 보자 사람들은 너도나도 은행에 예금해 둔 돈을 찾으려고 했고, 그러자 다른 은행들도 잇따라 쓰러졌지요.

공장과 가게들도 차례로 문을 닫고 사람들은 일자리를 잃어버렸어요.

"내가 일하던 공장의 창고에는 지금 밀가루가 산더미처럼 쌓여 있어. 그 밀가루만 가져도 우리 국민 모두 몇 년 동안 굶지 않을 수 있을 거야. 그런데도 우리 식구들은 어제부터 아무것도 먹지 못하고 있다네."

"내가 일하던 가게에는 지금 겨울 코트가 잔뜩 쌓여 있지. 그 옷만 모두 꺼내와도 우리들이 평생 동안 입을 수 있을 거야. 그런데 이것 보게. 나는 이렇게 낡고 얇은 옷 한 벌을 겨우 걸치고 있지 않은가? 우리 아이들은 추위와 굶주림에 지쳐서 병들어 가고 있어."

　일거리를 찾아 거리를 서성거리는 사람들은 모여 앉아 이렇게 한탄을 했어요.

　"우리 큰 아이는 지금 교도소에 있다네. 며칠 전에 석탄을 훔치러 갔다가 잡혔지. 어린것이 얼마나 추웠으면 석탄을 훔치려 했을까?"

　또 어떤 사람은 눈물을 흘리며 이렇게 하소연하기도 했어요.

　"아무리 찾아봐도 문을 연 공장이 없어. 단 몇 푼만 준다고 해도 일을 하겠는데 도대체 일거리가 있어야지."

　사람들은 모두 지쳐 있었지요.

"이대로 있다가는 우리 모두 굶어 죽거나 얼어 죽고 말 거야. 나라에서 뭔가 대책을 세워 줘야 하지 않나? 창고에 물건을 쌓아 두고도 국민이 굶어 죽는 것을 보고만 있느냐 말이야?"

화가 난 사람들은 거리에서 시위를 벌이기도 했어요. 하지만 그때마다 경찰은 발길질을 해 대며 모여 있는 사람들을 쫓아 버렸지요.

뒤이어 농촌에서도 농산물이 남아돌고 값이 떨어져 농민들의 빚이 늘어 갔어요. 큰 농장에서는 아예 물건을 내다 파는 대신 땅에 묻어 버리거나 물에 던져 버렸지요.

미국의 공황은 곧 전 세계로 퍼졌어요. 미국이 세계 경제의 중심이었기 때문에 유럽을 비롯한 세계 전체가 미국 경제의 영향을 받았지요. 캐나다에서는 밀을 불태우고 브라질에서는 커피를 바다 속에 던져 버렸어요.

세계 대공황은 4년 동안이나 계속되었어요. 세계 곳곳에 직장을 잃은 사람들이 수천만 명씩 생겨나고 공장에서는 물건이 생산되지 않았어요. 무역도 줄어들고 물건 값은 바닥으로 떨어졌어요.

미국은 공황을 겪으면서 기업이 각자 알아서 물건을 만들어 내고 시장에 내다 파는 것만으로는 안 된다는 것을 알게 되었어요. 국가가 조정을 해 줄 필요가 있다고 생각한 거예요.

새로 미국의 대통령이 된 루스벨트는 1933년에 뉴딜 정책을 만들어 냈어요. 공황에서 벗어나기 위해서 국가가 댐을 만드는 등 큰 공사를 벌여서 많은 사람들에게 일자리를 주었어요. 또 농산물이 너무 많이 생산되지 않도록 조정하고 노동자들에게도 최소한의 월급은 주어야 한다고 법으로 정했지요. 또 돈이 많은 사람에게는 세금을 많이 거둬들였어요.

하지만 이런 정책을 쓸 수 있었던 나라는 미국이나 영국 같은 선진국들뿐이었어요. 독일과 일본, 이탈리아 등은 전쟁을 일으켜서 공황을 이겨내려 했지요.

"그래도 난 잘 이해가 안 돼. 아무 일도 하지 않았는데 가지고 있던 돈이 저절로 늘어난다는 건 아무래도……."

"그러다 공황이 또 일어나서 내 돈이 다 없어지면 어떻게 해요? 얼마나 애쓰고 모은 돈인데……."

"나는 은행에 저금해 둔 돈이 30만 원만 되면 주식을 살 거야. 내가 산 주식이 두 배로 오른다면……."

준희 언니가 설명을 마치자 준호가 혼잣말처럼 중얼거렸고, 현아는 걱정을 늘어놓았고, 현수는 꿈같은 계획을 떠벌여 댔어요. 아이들이 각자 떠들어 대는 바람에 준희 언니는 귀를 막고 말았지요.

세계사에서 가장 큰 전쟁

 제2차 세계 대전

"저 사람 일본 사람이지? 난 일본 사람 너무 싫어. 일본은 민족성에 문제가 있는 것 같아."

"왜? 일본 사람이 왜 싫은데?"

텔레비전을 보다가 현수가 말하자 준희 언니가 깜짝 놀라서 물었어요.

"일본은 전쟁을 일으켜서 많은 사람들을 죽이고 다른 나라에게 엄청난 피해를 줬으면서도 반성하고 사과할 줄도 모르잖아요."

"일본이 과거에 잘못을 저질렀다는 것은 맞는데 그렇다고 해서 일본 민족성에 문제가 있다고 생각한다거나 일본 사람 전체를 미워해서는 안 될 것 같아. 그렇게 말하는 것은 나치의 인종주의와 다를 것이 없잖아."

현수가 이유를 밝히자 준희 언니가 말했어요.

"히틀러는 인류가 모두 똑같지 않고, 인종에 따라 차이가 있다고 주장했어. 황인종이나 흑인보다 백인이 우월하고, 백인 중에서도 게르만족이 더 우월하다고 생각했지. 그렇기 때문에 우월한 민족이 열등한 민족을 지배하는 것은 당연하고, 심지어 아주 열등한 사람들은 더 이상 그 핏줄이 이어지지 않도록 모두 없애야 한다는 주장까지 했지. 나치의 유대인 학살에 대해서는 너희들도 들어봤지? 제2차 세계 대전 중에 죽은 유대인은 500만 명이나 되고 이 숫자는 나치가 점령한 지역에 살던 유대인의 70퍼센트 정도야."

준희 언니는 계속해서 제2차 세계 대전에 대해 설명해 주었어요.

제1차 세계 대전이 끝나고 여러 나라는 각각 무척 어려운 시기를 맞았어요. 여러 사람들이 제각기 자기 주장을 내세워서 정치적으로 혼란스러웠고, 경제도 어려웠어요. 몇몇 나라에서는 이런 혼란을 틈타서 독재자들이 정권을 잡았어요. 그리고 미국에서 시작된 공황이 유럽에까지 번져 오자 독재자들은 전쟁을 일으켰지요. 전쟁을 통해 공황에서 벗어나려 했던 거예요.

먼저, 이탈리아에서는 무솔리니가 1921년 파시스트당을 만들고 정권을 잡았어요.

"나는 항상 옳다! 믿어라, 복종하라, 그리고 싸워라!"

그는 이탈리아 국민들 앞에서 이렇게 외쳤지요. 그리고 더 나아가 이런 말도 서슴지 않았어요.

"우리가 교육을 하는 것은 싸우기 위해서이며, 남자들이 전쟁을 하는 것은 너무나 당연하다. 온 국민은 군대가 되어야 한다. 나는 이탈리아 국민이 영원한 전쟁을 한다고 믿는다."

독일에서도 마찬가지였어요. 제1차 세계 대전에서 패배한 독일은 무척 어려운 형편이었어요. 독일 국민들은 전쟁에 지고 전쟁에 대한 배상을 해야 한다는 데에 불만이 많았어요. 민주적인 정부가 세워지고 새로 헌법도 만들어졌지만 제대로 지켜지기가 어려웠지요. 더구나 미국에서 공황이 시작되자 경제적으로 미국에 의존하고 있던 독일은 공황의 영향을 가장 심하게 받았어요.

그러던 중 1933년 수상이 된 히틀러는 반대파를 몰아내고 독재를 시작했어요. 히틀러가 중심이 된 국민 사회주의 독일 노동자당은 나치당이라고 부르기도 하지요. 갈고리 십자가 모양의 깃발을 앞세운 나치당은 민주적인 독일의 헌법도 없애 버렸어요.

파시스트당이나 나치당은 국가가 최고라고 생각했기 때문에 국민들에게 자유를 빼앗는 것을 당연히 여겼고, 전쟁을 좋아했어요. 자기 이외의 다른 당을 모두 없애 버리고, 신문이나 방송 등 언론의 입을 틀어막았어요. 학교에서도 파시스트나 나치가 원하는 것만 가르치게 했지요.

더구나 나치는 죄 없는 유대인들을 잡아 가두고 죽이는 잔인한 짓까지 저질렀어요.

"우리 독일 사람들은 우선 죄 있는 자들, 즉 유대인을 내쫓고 난 다음에 우리들을 깨끗하게 해야 합니다."

유대인을 지독하게 미워했던 히틀러는 연설 때마다 이렇게 소리쳤어요.

한편 아시아의 일본도 정치적, 경제적 어려움을 전쟁을 통해 해결하려 했어요. 일본은 미국과 유럽의 여러 나라들이 공황으로 허덕이는 틈을 타서 1931년 만주를 침략했어요. 뒤이어 1937년에는 중국으로 쳐들어가 중일 전쟁을 일으켰고요.

제1차 세계 대전이 끝난 후에 세계 평화를 위해 만들어졌던 국제 연맹은 일본의 이런 침략을 막는 데 아무런 역할도 하지 못했어요. 일본은 전쟁을 시작하면서 국제 연맹에서 나가 버렸거든요.

일본의 침략 전쟁은 이탈리아와 독일의 독재자들에게 희망을 주었어요. 이탈리아와 독일의 독재자들은 국제 연맹도 별다른 힘이 없고 다른 나라들도 모두 자기 나라 일에 바쁜 것을 알자 전쟁을 일으킬 좋은 때를 만났구나 싶었지요.

식민지를 찾고 있던 무솔리니는 1935년 에티오피아를 공격했어요. 이에 대해서 국제 연맹은 처벌을 하겠다고는 했지만 형식적인 것일 뿐이었어요. 그러자 이탈리아도 국제 연맹에서 아예 나가 버리고 대신 일본, 독일과 손을 잡았어요.

히틀러도 마찬가지였지요. 히틀러는 국가의 모든 힘을 기울여서 군사를 모으고 무기를 만들어 전쟁 준비를 시작했어요. 독일은 곧 좋은 무기와 강력한 공군을 갖게 되었어요. 그리고 이러한 군사력을 앞세워 1938년에는 오스트리아를 통째로 집어삼켰고, 체코슬로바키아의 일부를 내놓지 않으면 다시 전쟁을 일으키겠다고 으름장을 놓았어요.

영국과 프랑스 등 강대국들은 처음에는 무솔리니와 히틀러를 달래 볼 생각이었어요. 독일이나 이탈리아, 일본 등의 파시즘 정권은 공산주의에 반대한다고 주장하면서 소련을 공격 목표로 삼고 있었거든요. 영국과 프랑스는 뮌헨에서 회의를 열어 독일이 체코슬로바키아의 일부를 차지하는 걸 인정해 주기로 했어요.

하지만 히틀러는 이것으로 만족하지 않았어요. 독일은 겨우 반 년 만에 체코슬로바키아 전체를 차지해 버렸고, 이번에는 폴란드의 일부를 내놓으라고 했어요. 독일과 폴란드 사이에 언제 전쟁이 시작될지 모르는 위태로운 상태에서 독일은 소련과 서로 상대방의 나라에 침략하지 않겠다는 조약을 맺었어요.

소련이 중립을 지키게 되자 독일은 유럽에서 마음 놓고 전쟁을 시작할 수 있었어요. 1939년 9월 1일 새벽에 폴란드의 단치히 항에 머물러 있던 독일 함대가 별안간 항구를 공격하기 시작했어요. 또 동시에 독일의 육군도 국경을 넘어 폴란드로 침략해 들어왔지요. 폴란드는 순식간에 독일의 손아귀에 들어가 버렸어요.

그러자 유럽의 다른 나라들도 이제 더 이상 가만히 있을 수는 없었어요. 이틀 뒤 영국과 프랑스가 독일에 선전 포고를 했고, 제2차 세계 대전이 시작되었어요.

독일은 폴란드에 이어 북으로 덴마크와 노르웨이를 점령했고, 서쪽으로는 네덜란드와 벨기에 등의 중립국들을 차지했어요. 그리고 드디어 프랑스를 향해 출발했어요. 이탈리아도 독일을 도왔지요. 프랑스의 수도 파리는 1940년 6월 14일 독일의 군화에 짓밟혔어요. 다음 목적지는 영국이었지만 영국 해협을 건너는 것이 만만치 않았어요.

히틀러는 영국 공격을 연기하고 발칸 반도로 눈길을 돌렸어요. 유고슬라비아와 그리스를 차례로 점령하고 헝가리, 불가리아, 루마니아는 아예 독일 편으로 만들었지요.

발칸을 정리하고 난 독일은 1941년 6월 22일 모든 전선에서 일제히 소련을 공격해 들어갔어요. 서로 침략하지 말자는 약속을 깨고 갑자기 독일군이 몰려오자 소련은 당황했지요. 히틀러는 두 달이면 소련을 손에 넣을 수 있을 것이라고 생각했지요.

하지만 독일은 12월이 되도록 모스크바를 차지할 수 없었고 소련군의 반격이 시작되었어요. 더구나 영국과 미국이 소련을 돕겠다고 나섰어요. 영국, 미국, 소련이 파시즘에 반대하기 위해 손을 맞잡은 거예요.

한편, 일본은 아시아 국가들이 서양 제국주의 국가의 지배에서 해방되어야 한다고 주장하면서 동남아시아를 공격했어요. 먼저 1940년에 프랑스와 네덜란드가 차지하고 있던 인도차이나를 공격했고, 뒤이어 동남아시아의 거의 모든 나라에 쳐들어갔지요. 그러자 미국은 이를 비난하면서 일본과의 무역을 중지했어요.

1941년 12월 8일 일본의 공군이 하와이의 진주만을 습격했고, 때를 맞춰서 독일과 이탈리아가 미국에 선전 포고를 했어요. 이렇게 되자 여태까지 지켜보고만 있던 미국도 전쟁에 휘말려 들 수밖에 없었지요. 태평양을 전쟁터로 해서 주로 일본과 미국 사이에 벌어졌던 이 전쟁을 태평양 전쟁이라고 해요.

1942년부터 전쟁은 차츰 독일, 이탈리아, 일본에 맞서는 연합군에게 유리해졌어요. 이들에게 점령당한 지역에서 민족의 해방을 위해 끈질기게 싸움을 계속해 오던 사람들도 힘을 보탰어요.

태평양 전선에서는 1942년 6월, 미국이 미드웨이 전투에서 이겨 일본을 곤란에 빠뜨렸어요. 중국에서도 중국 공산당의 군대가 일본군을 몰아내기 시작했고요.

소련에서는 1943년 봄, 스탈린그라드에서 포위당한 독일군이 소련군에게 항복했어요. 이 기세를 몰아서 소련은 독일군을 쫓아내고 1944년 영토를 되찾는 데 성공했어요. 이렇게 되자 동유럽의 여러 나라들도 독일과의 동맹을 깨고 소련의 지원을 받으며 독일에 맞섰어요.

아프리카 전선에서는 영국군이 이탈리아와 독일군에게 반격을 가하기 시작했어요. 아프리카에서 승리한 연합군은 1943년 7월, 이탈리아로 밀고 들어갔지요. 이탈리아는 곧 항복을 선언했지만 무솔리니를 중심으로 한 일부 세력은 독일의 지원을 받으며 전쟁을 계속했어요.

이탈리아를 굴복시킨 연합군은 1944년 6월, 프랑스의 노르망디 바닷가에 상륙했어요. 이에 호응해서 프랑스 땅에 남아 독일군과 맞서 싸우던 프랑스 시민들은 파리를 독일군에게서 되찾았어요. 연합군은 이제 라인 강으로 향했어요.

1945년이 되자 연합군의 승리가 눈앞에 닥쳤어요. 4월 말 소련군이 독

일의 수도 베를린에 들어서자 히틀러는 자살하고 5월 7일, 독일은 항복을 선언했어요. 무솔리니는 파시스트에 반대하는 이탈리아 군대에 잡혀서 사형을 당했고요.

끝까지 버틴 것은 일본이었어요. 하지만 일본도 오래가지는 못했어요. 1945년 8월 6일 일본 히로시마의 하늘로 날아온 비행기 한 대가 원자 폭탄을 떨어뜨리고 갔기 때문이지요.

거대한 버섯구름이 피어오르고 히로시마는 순식간에 지옥으로 변해 버렸어요. 폭탄이 도시에 떨어지는 순간, 폭탄을 중심으로 10.36제곱킬로미터 안에 있던 사람들은 모두

그 자리에서 죽었고, 건물은 무너져서 순식간에 폐허로 변했어요. 당시 히로시마에는 34만여 명이 살고 있었는데 원자 폭탄 투하로 7만여 명이 그 자리에서 죽었고, 13만 명이 부상을 당했어요. 그 뒤 후유증으로 죽거나 고생한 사람의 수는 더 많았고요.

이어서 8월 9일에는 나가사키에 원자 폭탄이 떨어졌어요. 나가사키에서도 엄청나게 많은 사람들이 한꺼번에 죽거나 다쳤지요. 이제 일본도 더는 버틸 수 없었어요. 8월 15일, 일본의 천황은 연합군에 대한 무조건 항복과 함께 그동안 신으로 섬겨지던 자신의 존재 또한 신이 아닌 인간임을 선언했어요.

"제2차 세계 대전은 정말 끔찍한 전쟁이었어. 6년 동안에 5,000만 명 정도가 죽었지. 제1차 세계 대전 때보다도 몇 배 많은 숫자란다. 특히 제2차 세계 대전에서는 군인이 아닌 민간인이 많이 죽었어. 히틀러의 유대인 학살 때문이야."

"난 그런 뜻으로 한 얘기는 아닌데……."

준희 언니가 설명하자 현수는 당황해서 쩔쩔맸어요.

"그래. 앞으로는 저 사람이 일본 사람이라서 싫은 것이 아니라, 어떠한 점 때문에 저 사람이 싫다고 말하면 오해를 안 받을 것 같아. 우리나라 사람들끼리도 어느 지방 사람이라거나 어느 집안 사람, 어느 학교 출신 같은 것으로 사람을 구분하고 평가해서는 절대 안 되고."

준희 언니가 친절하게 웃으며 말해 주자 현수 얼굴이 좀 펴졌어요.

"우리나라도 전쟁에 참가했나?"

이번에는 준호가 물었어요.

"제2차 세계 대전에 참가한 나라는 연합국 쪽이 49개, 동맹국 쪽이 8개 나라였어. 중립국은 겨우 6개뿐이었어. 싸우기 싫어도 어쩔 수 없이 전쟁을 치러야 했던 거지. 그때 우리나라는 일본의 식민 지배를 받고 있었기 때문에 일본의 전쟁터에 어쩔 수 없이 끌려간 사람들이 많았단다. 남자들은 징병이나 징용으로 끌려갔고 여자들은 일본군 위안부로 끌려갔지. 또 대한민국 임시 정부는 광복군을 만들어서 연합군 편으로 태평양 전쟁에 참가하기도 했어."

준희 언니의 설명을 듣고 보니 현아도 할아버지에게 일제 강점기 때 전쟁터로 끌려간 분들의 이야기를 들었던 기억이 났어요.

산 넘고 강 건너
2만 5천 리

 중국 혁명

현아는 현수와 크게 싸우고 며칠째 말도 하지 않고 있었어요. 그런데 오늘 오후에 고모네 집으로 함께 심부름을 갈 일이 생겼어요. 엄마가 외할머니께서 보내 주신 마늘을 고모네 집에 가져다 드리라고 했는데 마늘이 무척 무거웠거든요. 둘이서 짐을 들고 걸어갈 때도 서로 다른 쪽만 쳐다보고 말 한마디 나누지 않았어요.

가는 길에 현아네 반 남자 아이들을 만났어요. 남자 아이들은 현아에게서 마늘 냄새가 난다면서 짓궂게 놀려 댔어요. 가만히 당하고 있을 현아가 아니었지요. 현아도 맞받아서 소리를 질러 댔고 결국 싸움이 벌어졌어요.

"우리 누나가 뭘 잘못했다고 그래? 형들이 먼저 시비를 걸었잖아."

현수가 누나 편을 들고 나섰어요.

"마늘은 우리나라 사람들이 누구나 먹는 음식이야. 우리 음식에 빠질 수 없는 양념으로 맛도 좋고 영양도 좋지. 형들은 곰이 깜깜한 굴속에서 마늘과 쑥만 먹고 여자로 변해 단군왕검을 낳았다는 신화도 못 들어봤어? 마늘 냄새가 뭐가 어떻다고 그러는 거야? 마늘 냄새가 역겹다고 하면서 우리 음식 문화를 낮춰 보는 것은 서양 문화만 우월하다는 그릇된 생각에서 비롯된 거야."

현수가 흠잡을 데 없이 이치에 맞는 말을 늘어놓자 남자 아이들은 기가 질려서 아무 말도 못 했어요.

"와! 현아의 큰 목소리보다 현수의 논리적인 말솜씨와 풍부한 지식이 더 효과적이네."

"너희들 어제까지만 해도 서로 잡아먹을 것처럼 싸우더니 오늘은 한 편이 됐네."

마중을 나온 준희 언니와 준호가 이 장면을 보고서 한마디씩 했어요. 하지만 그 말이 끝나기 무섭게 현아와 현수는 다시 서로를 향해 '흥' 콧방귀를 뀌고는 고개를 획 돌려 버렸어요.

"무슨 애들이 그렇게 순식간에 태도를 바꿀 수가 있니? 이번 기회에 그냥 화해하지."

준호가 아쉬운 듯 말했어요.

"공동의 적 앞에서 잠깐 힘을 합했다고 해도 둘 사이의 문제가 해결된 것은 아니잖아. 눈앞의 적은 두 사람의 문제를 잠깐 접어 두게 한 것뿐이라고. 마치 제2차 세계 대전 때 서로 손을 잡았던 자본주의 진영과 사회주의 진영이 전쟁이 끝나자마자 갈라서고, 중국의 국공 합작이 깨져 버린 것처럼 말이야."

준희 언니는 아이들의 짐을 받아 들고 가면서 중국의 사회주의 혁명 과정에 대해 이야기해 주었어요.

동아시아 전체를 호령하던 대제국 중국은 1840년 아편 전쟁 이후부터 서양 여러 나라의 침략에 시달려야 했어요. 아편 전쟁 이후 전쟁 비용에 허리가 휘고 막대한 배상금까지 물게 된 청나라는 백성들에게 세금을 더 거둬들일 수밖에 없었어요. 이렇게 되자 백성들의 삶은 말할 수 없이 어려워졌지요.

이때 광둥에서 홍수전이라는 사람이 나서서 농민들을 끌어 모았어요. 그는 자신이 아주 특별한 사람이라고 말했어요.

"나는 여호와의 아들이자 예수의 동생이다."

홍수전은 만주족의 청나라를 무너뜨리고 한족의 나라를 세우겠다며 1851년에 반란을 일으켰어요. 이후 홍수전이 이끄는 농민군은 난징을 점령하고 태평천국을 세웠어요. 태평천국은 토지를 고루 나눠 주고 남녀평등을 이루는 등 꿈에 그리던 정의로운 세상을 만들겠다고 했지요.

농민 반란이 일어나도 약해진 청나라는 이를 막아낼 방법이 없었어요. 오히려 한족 관리들이 만든 의병들이 앞장섰어요. 이들의 공격과 내부 분열로 1864년 태평천국은 멸망했어요.

한편 중국 땅을 어떻게 나눠 가질 것인가를 놓고 아옹다옹하던 제국주의 국가들에게 태평천국의 난은 좋은 기회가 아닐 수 없었어요. 영국 등 서구 강대국들은 태평천국을 물리치도록 도와주겠다며 중국에서 영향력을 키우려 들었어요.

1856년에는 영국 상인들의 배에 청나라 관리들이 올라와 해적을 잡아간 일이 있었어요. 그 과정에서 배에 계양되어 있던 영국 국기를 끌어내리는 사건이 있었는데, 이 일을 애로호 사건이라고 해요. 이 일로 영국은 자기 나라의 명예가 더럽혀졌다고 꼬투리를 잡으며 청나라에 많은 요구를 했어요. 청나라가 요구를 들어주지 않자 프랑스를 부추겨 제2차 아편 전쟁(또는 중영 전쟁)을 일으켰어요. 이 전쟁으로 인해 청나라는 서구 강대국들에게 더 많은 항구를 열어 주고 외교관들을 받아들여야 했어요. 뿐만 아니라 연해주는 러시아에 넘겨주어야 했고요.

이어 청나라는 프랑스와의 전쟁, 일본과의 전쟁에서 연달아 패배했고, 이제 청나라가 아니라 일본이 동양의 중심 국가가 되었어요.

러일 전쟁 중이던 1905년에는 청나라 정부에 반대하는 중국 혁명 동맹회가 만들어졌어요. 이 조직의 총재로 선출된 쑨원(손문)은 민족의 독립, 민권 신장(국민의 권리가 늘어나는 것), 민생 안정(국민의 생활이 안정되는 것)이라는 삼민주의를 내세웠어요. 이들은 청나라 왕조를 무너뜨리고 공화국을 건설하기 위해 무장봉기를 거듭했어요.

청나라 정부도 신정이라 불리는 정치 개혁을 시작했으나 쉽지 않았어요. 무엇보다도 청나라 정부는 돈이 없었기 때문에 외국에서 빚을 끌어다 쓰기 위해 1911년 철도를 국유화하기로 했어요. 철도를 담보로 돈을 빌려오려는 계획이었어요. 그러자 여기저기서 반대 운동이 벌어졌고, 무창에서는 신군(서양식 군대)이 혁명 정권을 세웠어요. 이를 계기로 2개월 사이에 대부분의 성이 잇따라 독립했고 청나라는 이름만 남게 되었어요. 이를 신해혁명이라고 해요. 독립을 선언한 성의 대표들은 1912년 중화민국을 건국하고, 임시 대총통으로 쑨원을 뽑았어요.

청나라 정부는 위안스카이(원세개)에게 혁명 정부와의 교섭을 맡겼어요. 그는 군인들을 중심으로 한 정치 세력의 지도자였어요. 위안스카이는 청나라를 위해 혁명 정부와 싸우는 대신 협상을 했어요. 황제를 몰아내고 자신이 임시 대총통이 되기로 한 것이지요. 이로써 일곱 살 난 마지막 황제 푸이(선통제)가 물러나고 청나라는 멸망했어요. 이때부터 중국 사람들은 청나라 관리들 대신 정치군인들에게 시달려야만 했지요.

한편 제1차 세계 대전을 계기로 독일이 차지하고 있던 칭다오를 빼앗아 버린 일본은 중국 정부에게 21개 조항의 요구를 했어요. 제1차 세계 대전의 뒷마무리를 위해 열린 파리 회의에서도 중국의 입장은 무시됐지요. 이에 1919년 베이징의 대학생들이 항의 시위를 벌였고 이는 곧 전국으로 번져나갔어요. 중국 민중들은 외세와 손잡은 정치군인들에 반대하는 5·4 운동을 벌였어요.

5·4 운동의 영향으로 쑨원을 중심으로 한 혁명파는 위안스카이에 대항하기 위하여 의회 정당인 중국 국민당을 만들었어요. 천두슈(진독수) 등 사회주의자들도 1921년 국제 공산당의 도움을 받아 중국 공산당을 만들었어요. 그리고 얼마 후 국민당과 공산당은 손을 맞잡았어요. 1924년, 쑨원은 공산당원이 개인 자격으로 국민당에 입당하는 것을 허용함으로써 새로운 민족 운동을 열어 나갔어요. 이를 제1차 국공 합작이라고 해요.

국공 합작에도 불구하고 위안스카이의 독재는 점차 강화되었어요. 제국주의 국가들이 그를 지원했기 때문이에요. 그 사이 쑨원이 죽고 장제스(장개석)가 국민당의 지도자가 되어 '북벌'을 단행했어요. '북벌'은 1926년 장제스가 광둥에서부터 북쪽으로 올라가며 각 지역에서 권력을 잡고 있던 군인들을 몰아낸 것을 가리켜요. 북벌은 여러 도시들을 해방시키며 빠른 속도로 진행되었어요. 1928년에는 베이징을 지배하던 장쭤린(장작림)을 쫓아내 중국 통일을 거의 달성했어요.

그러나 북벌 기간 중에 국민당과 공산당의 사이가 벌어지기 시작했어요. 결국 1927년 장제스는 공산당과 관계를 끊었을 뿐만 아니라 공산당 세력을 제거하려 들었어요. 당시 중국 공산당은 장시성에 근거지를 마련해 소비에트를 건설하고, 사회주의 혁명을 위한 군대를 기르고 있었어요.

국민당 군대의 포위와 공격이 계속되자 공산당은 장시성에서 떠나 새로운 근거지를 찾아야 했어요. 이렇게 해서 1934년 10월 긴긴 행진이 시작되었어요. 공산군의 이 행진을 대장정이라고 불러요. 대장정 중에 마오쩌둥(모택동)이 중국 공산당의 지도자가 되었어요.

"멈추지 말고 계속 앞으로 나아가야 합니다. 조금만 더 힘을 내세요."

사람들은 서로 힘을 북돋아주면서 끝없이 걸었어요.

"국민당군이다!"

"전투 준비! 전투 준비!"

가는 길에 곳곳에서 국민당 군대와 맞닥뜨려 수없이 많은 싸움을 해야만 했어요.

"전사자가 많습니다. 총을 쏠 수 있는 사람이 너무 적어서 다음에 또 국민당군을 만나면 어떻게 싸워야 할지 걱정입니다."

"총 맞아 죽고, 굶어 죽고, 얼어 죽고, 병들어 죽고……. 이렇게 죽어가다가는 장정이 끝나기 전에 공산당의 씨가 마를 지경이에요."

전투가 끝나고 공산당 지도부들이 이렇게 걱정을 하고 있을 때 풀숲을 헤치고 다가오는 발소리가 들렸어요.

"누구냐? 멈춰라!"

군사들이 일제히 총을 겨눴어요.

"쏘지 마세요. 우리는 공산당 편입니다. 저희도 공산군에 받아 주세요."

"저희는 이 동네에 사는 사람들인데 공산군이 이 근처에 있다기에 목숨을 걸고 찾아온 겁니다."

대장정 중에 중국 각지의 농민을 비롯한 가난한 사람들이 이 대열에 참가했어요. 부패한 관리들에게 억눌리고, 외세에 시달리고, 국민당 지도부에게 실망한 중국의 민중들 중에는 공산당에게서 희망을 찾는 사람들이 많았지요.

대장정은 1936년에야 끝이 났고, 중국 공산당은 서북쪽의 산시성에 새로운 근거지를 마련했어요. 그동안 18개의 산맥을 넘고 24개의 강을 건너면서 2만 5,000리(1만 킬로미터)를 걸어야 했어요.

한반도가 3,000리라는 것을 생각하면 얼마나 어마어마한 거리인지 짐작이 갈 거예요. 이 긴 행진에서 살아남은 사람은 열 사람 중 한 사람 정도밖에 되지 않았어요.

이후 중일 전쟁이 일어나자 중국 공산당과 국민당은 일본에 맞서 싸우기 위해 제2차 국공 합작을 했어요. 그러나 얼마 가지 않아 국민당은 공산당의 세력이 더 커질까 봐 두려워하기 시작했어요. 이후 일본이라는 적을 앞에 두고서도 양 세력은 힘을 모으지 못했어요.

1945년 제2차 세계 대전이 끝나자 결국 국민당과 공산당의 전쟁이 시작되었어요. 승리는 번번이 공산군의 차지였어요. 공산당은 곧 중국 전체를 손에 넣었고, 국민당은 타이완(대만)으로 달아나서 그곳에 정부를 세웠어요.

1949년 10월 1일, 베이징의 톈안먼(천안문) 광장에서 중화 인민 공화국 선포식이 열렸어요. 중국 혁명이 성공하고 사회주의 국가인 중화 인민 공화국이 탄생한 순간이었어요.

"필요한 시기에 서로 협력하기는 했지만 국민당과 공산당은 도저히 화해할 수 없는 사이였던 거군요. 그러니까 결국 공동의 적이 사라지고 나서 자기들끼리 싸워서 승부를 볼 수밖에 없었던 거고요."

준희 언니의 설명이 끝나자 현수가 말했어요.

"그렇지. 그러니까 너희들도 싸워서 승부를 봐야 해."

"뭐라고? 승부가 날 때까지 싸우라고? 누나 지금 제정신이야?"

준희 언니가 말하자 준호가 깜짝 놀라서 물었어요.

"이렇게 서로 미워하면서 말도 안 하고 지내는 것보다는 차라리 끝까지 싸워 보는 게 낫지 않겠어? 주먹질을 하면서 싸우라는 것이 아니라 각자 자기 생각을 끝까지 주장하고 자신의 감정을 충분히 표현해서 전달해 보라는 거야. 그렇게 해야 화해를 하든, 어느 한쪽이 잘못을 인정하든 할 수 있을 테니까."

준희 언니의 제안에 따라 현아는 현수와 정말 그동안 마음속에 담아두었던 생각이나 느낌을 모두 다 쏟아내며 이야기를 나눴어요. 물론 그렇게 하고시도 두 사람 모두 자기 잘못을 인정하지는 않았지요. 하지만 그렇게 이야기를 나누고 나니 기분이 한결 풀리는 것 같았어요.

어른과 아이의 싸움, 그러나 승리는

 베트남 전쟁

"건우 형이 끼어 있는데 어떻게 이겨? 이건 하나마나라고."

며칠 뒤에 농구 대회가 있어서 준호와 현수는 요즘 매일 농구 연습 중이에요. 이번에 참가하는 팀 중에는 건우가 끼어 있는 팀이 있는데, 건우는 농구 잘하기로 소문이 자자한 아이지요. 이미 중학교 농구팀에 뽑혀서 연습도 함께한다고 했어요. 준호네 팀은 하필 건우네 팀과 제일 첫 번째로 경기를 하게 됐어요.

"건우 하나만 잘하지 나머지 아이들은 그저 그래. 거기다가 팀원이 부족해서 교체해 줄 선수도 없을 정도라니까."

"건우 형 농구화 봤어? 정말 전문가용이라니까. 그리고 그 팀은 중학생 형들이 와서 연습하는 걸 봐 주기로 했대. 우린 정말 운이 없는 거야. 우리가 그 팀이랑 경기를 하는 건 마치 미국이랑 아프리카의 작은 나라가 전쟁을 하는 것과 똑같다고. 다들 우리 팀이 불쌍하대."

준호는 희망을 잃지 않았지만 현수는 모든 걸 포기한 것처럼 얘기했어요. 준희 언니는 어떻게 해야 현수의 기운을 북돋아 줄 수 있을지 곰곰이 생각하는 눈치였어요.

"아, 참! 너희들 베트남 전쟁 아니? 이 전쟁에서 베트남은 미국을 이겼는데, 아무도 베트남의 승리를 예상하지 못했어. 그만큼 미국의 군사력은 압도적으로 컸지만 실제 전쟁의 결과는 달랐지. 북베트남이 미국을 이길 수 있었던 것은 전쟁에 참가한 군인 한 사람, 한 사람은 물론이고 남, 북베트남의 많은 국민들이 아주 간절히 미국을 물리치고 전쟁에서 승리하기를 바랐기 때문이야."

준희 언니는 계속해서 베트남 전쟁에 대해 이야기해 주었어요.

아시아 대륙의 동남쪽, 인도양과 대서양 사이를 동남아시아라고 불러요. 베트남, 라오스, 캄보디아, 타이, 미얀마, 말레이시아, 싱가포르, 인도네시아, 필리핀, 브루나이 등이 동남아시아의 나라들이지요. 이 지역은 고대부터 여러 민족이 문화를 발달시켜 왔어요. 동남아시아는 인도와 중국의 중간쯤에 있기 때문에 두 나라의 영향을 많이 받았는데, 베트남은 중국의 문화를 받아들였고 나머지 나라들은 대부분 인도의 문화와 가까웠어요. 무역을 위해 일찍부터 아랍의 상인들이 드나들면서 말레이시아 지역에서는 이슬람 왕국이 세워지기도 했고요.

16세기에 유럽인들의 배가 인도를 드나들기 시작했고, 유럽의 강대국들이 동남아시아 또한 가만히 둘 리 없었지요. 강대국들은 자기들끼리 경쟁하면서 이 지역의 여러 나라들을 나누어 가졌어요. 필리핀은 일찌감치 스페인이 차지했지만 뒤에 미국에게 빼앗겼고, 네덜란드는 인도네시아를 식민지로 삼았어요. 말레이 반도, 싱가포르, 미얀마는 영국 차지였고, 베트남, 라오스, 캄보디아는 프랑스의 손아귀에 들어갔지요.

제2차 세계 대전 이후 동남아시아에서도 제국주의 지배로부터 독립하려는 민족주의 운동이 일어났어요. 하지만 독립된 나라를 회복하기까지는 많은 고통을 겪어야 했어요.

1884년에 프랑스의 식민지가 되었던 베트남은 제2차 세계 대전이 시작되면서 다시 일본의 침략을 받아 전쟁터가 되었어요. 프랑스의 지배를 받던 때부터 베트남 사람들은 의병을 일으키고 게릴라전을 펴는 등 독립 투쟁을 벌여 왔지요.

베트남 독립 투쟁의 중심이 된 사람이 호찌민이었어요. 그는 열아홉 살에 뱃사람이 되어 세계 각지를 돌아다닌 후 1919년부터 베트남의 독립 운동에 참여했어요. 1920년부터는 프랑스 공산당에 가입하고 사회주의 운동을 시작했어요. 해외에서 베트남의 청년들을 가르쳐 독립 운동을 하도록 국내에 들여보내기도 하고, 홍콩에서 베트남 공산당을 만들기도 했지요.

하지만 베트남 사람들이 모두 공산당을 좋아해서 호찌민을 따랐던 것은 아니었어요. 공산당은 제국주의와 맞서 싸우기 위해서는 우선 민족이 하나로 힘을 모아야 된다고 생각했지요. 나라가 독립하지 못하면 민족 전체가 남의 나라 노예로 살아야 하기 때문에 공산주의에서 말하는 계급도 아무 소용없다고 생각했던 거예요. 그래서 베트남의 독립을 위해 투쟁하려는 사람들을 모두 모아서 베트남 독립 동맹을 만들었어요. 베트남 독립 동맹은 베트민이라고 부르기도 하지요.

제2차 세계 대전이 끝나가고 일본이 물러가자 베트남 사람들은 일제히 일어나서 베트남 민주공화국을 세웠어요. 그러자 베트남은 원래 자기들 것이었다며 프랑스가 돌아왔어요. 1946년부터 두 나라 사이에는 전쟁이 계속되었어요. 제1차 인도차이나 전쟁이라고 부르는 이 전쟁은 8년(또는 9년) 동안이나 계속되었어요.

전쟁은 1954년 봄 디엔비엔푸 전투에서 베트민이 프랑스군을 크게 이기면서 마무리되었어요. 인도차이나 문제를 의논하기 위해 모인 강대국들은 베트남을 우선 북위 17도를 기준으로 남북으로 나누었다가, 2년 뒤에 총선거를 해서 하나의 정부를 세우게 하자고 결정했어요. 이 기회에 베트남에 공산국가를 세우려는 소련과 중국이 제안한 것이었지요.

하지만 미국이 사회주의권의 의도대로 맥없이 끌려갈 리 없었지요. 남베트남에서는 미국의 지원을 받은 응오딘지엠이 대통령으로 뽑히면서 1955년에 베트남 공화국이 세워졌어요. 베트남 공화국이 남북베트남의 총선거를 거부했기 때문에 북위 17도선은 이제 아예 국경선이 되어 버렸어요.

미국은 남베트남에 많은 군사 시설을 만들고 군인도 보냈어요. 응오딘지엠 정권은 남베트남에서 공산주의 세력을 뿌리 뽑겠다며 수많은 사람들을 잡아가두고 죽였어요. 남베트남 사람들은 다시 응오딘지엠 정권과 미국을 몰아내기 위해 싸우기 시작했어요. 응오딘지엠 정권이나 미국은 이 사람들을 공산주의자라고 해서 베트콩이라 부르기도 했어요.

1960년부터는 베트남 민족 해방 전선이 만들어져서 무기를 들고 군대에 맞섰어요. 또 베트남 민족 해방 전선을 도와주는 사람들도 무척 많았지요. 군대의 병사들 중에도 많은 사람이 민족 해방 전선 편이었고, 높은 자리의 공무원조차도 민족 해방 전선에 도움을 주었어요. 그러다 보니 미국은 베트콩을 막기 위해서 점점 더 많은 군대를 남베트남에 보내야 했어요.

1964년 8월 통킹 만에서 미국의 함대가 북베트남 해군을 공격한 사건이 벌어졌어요. 다음 날 미국의 존슨 대통령은 미 해군은 그저 순찰 중이었는데 오히려 북베트남이 먼저 공격을 했기 때문에 미국의 항공모함이 맞받아 공격을 했을 뿐이라고 말했지요. 하지만 뒷날 이 사건은 미국이 전쟁을 시작하기 위한 핑계거리를 만들려고 꾸며 낸 일일 것이라는 의심을 받고 있어요. 며칠 뒤 미국 의회에서는 미국 정부가 베트남과 전쟁을 시작해도 좋다고 허락해 주었어요. 미 공군은 곧장 북베트남으로 날아가 군대의 기지와 석유를 저장해 둔 곳 등에 폭탄을 쏟아 부었어요. 본격적인 전쟁이 시작된 것이었지요.

"베트남같이 조그만 나라가 미국과 싸워 봤자 질 것이 뻔해. 어디 상대나 되겠어?"

"미국은 세계에서 가장 부자 나라이고 또 힘도 가장 센 나라인데 어떻게 베트남이 미국을 이길 수 있겠어. 이 전쟁은 며칠 가지도 않아서 끝나

고 말 거라고."

세계의 모든 사람들은 이렇게 생각했지요.

"우리 미국이 세계의 자유 민주주의를 지키기 위해 공산주의자들과 전쟁을 한다는데 우리가 가만히 있을 수 있나? 나라를 사랑하는 젊은이들은 모두 총을 들고 베트남으로 가서 공산당을 무찔러야 한다고."

미국의 젊은이들은 손에 손에 무기를 들고 베트남으로 향했어요.

미국뿐 아니었지요. 필리핀, 타이, 오스트레일리아, 뉴질랜드와 우리나라에서도 많은 젊은이들이 전쟁에 참가하기 위해 떠났어요. 북베트남은 소련과 중국의 지원을 받았고요.

베트남 전쟁은 미국에게 무척 어려웠어요. 단지 전쟁터에서 북베트남 군대에 맞서 싸우는 것만이 아니었기 때문이지요. 미군을 괴롭히는 것은 오히려 남베트남의 민족 해방 전선이었어요. 베트남의 정글 속 여기저기에서는 민족 해방 전선의 군대가 불쑥불쑥 나타나 미군을 공격하고 어느 틈에 바람처럼 사라져 버렸어요. 정글 속에서 폭탄이 날아올라 미군의 비

행기를 떨어뜨리는 일도 흔히 있었지요.

또 남베트남 군대와 함께 전투를 벌이고 있으려면 어느 순간에 곁에 있던 남베트남의 병사들이 총부리를 미군에게로 돌려 버렸어요. 남베트남 군대에는 민족 해방 전선을 따르는 병사들이 많이 있었던 거지요. 군인뿐 아니라 남베트남의 민간인도 마찬가지였어요. 미군이 마실 물이나 음식에 독을 타 놓는 경우가 많아서 미군은 베트남에서 아무것도 먹을 수가 없었어요. 마실 물까지도 필리핀에서 비행기로 실어 와야 했고, 음식은 통조림 밖에는 먹을 수 없었지요.

미군은 하루하루 지쳐 가고 미국 내에서도 전쟁에 반대하는 목소리가 높아졌어요. 1973년, 결국 미국은 베트남과 전쟁을 끝내는 협정을 맺었고, 1975년 4월 남베트남이 항복하면서 전쟁은 끝났어요. 세계에서 가장 강하다고 큰소리치던 미국이 아시아의 조그만 후진국인 베트남에게 진 것이지요.

미국이 물러가고 나자 베트콩은 남베트남으로 내려와 남북 총선거를 실시하고, 베트남 사회주의 공화국을 세웠어요.

"길고 짧은 건 대 봐야 안다고 했잖아. 농구는 팀이 하는 운동인데 잘하는 사람이 한 명 있다고 해서 무조건 이긴다고 볼 수는 없지. 그리고 중학생들이 아니라 프로 농구 선수가 도와준다고 해도 도움은 도움일 뿐이고 경기는 선수들 스스로 하는 거야."

이야기를 끝내고 난 준희 언니가 덧붙였어요.

"그리고 지면 또 어때? 어차피 어느 팀인가는 져야 하는 거잖아. 열심히 연습하고 즐겁게 경기하면 그걸로 충분하지."

준호가 말하자 현수는 그래도 좀 기운이 났는지 농구 연습을 하러 가자며 먼저 자리에서 일어났어요.

차가운 전쟁

냉전과 제3세계

요즘 현아네 집안 분위기는 아주 험악해요. 엄마, 아빠가 다투고 며칠째 서로 말을 하지 않으며 지내시거든요. 두 분 기분이 무척 안 좋아서 애꿎게 현아와 현수가 야단맞는 경우도 종종 있었어요. 현아와 현수는 주말에 준호네 집으로 피신을 가서 하루 종일 지냈어요.

"이런 걸 '고래 싸움에 새우 등 터진다.'라고 하는 건가?"

요즘 우리말 속담을 공부하는 준희 언니가 말했어요.

"맞아. 딱 적당한 말이야. 누나 우리말 실력이 많이 늘었네."

"와! 맞혔다! 그런데 두 분은 왜 싸우셨어?"

준호가 칭찬하자 준희 언니는 시험에서 100점을 맞은 학생처럼 아주 좋아했어요.

"엄마가 너무하셨어."

"너도 남자라고 아빠 편만 드는구나?"

엄마, 아빠의 싸움 이야기를 하다가 현아와 현수는 서로 편을 들면서 다퉜어요.

"이럴 땐 '가재는 게 편'이라고 해야 하는 건가?"

이번에도 준희 언니는 적당한 속담을 찾아내기에 바빴어요.

"내가 남자라서 아빠 편을 드는 게 아니라 객관적으로 그렇다고. 엄마가 아빠를 너무 심하게 몰아붙이니까 아빠도 화가 난 거지."

"이럴 때 쓰는 속담도 있었는데……. 아! '쥐도 궁지에 몰리면 고양이를 문다.' 또 있네! '쥐도 도망갈 구멍을 주고 쫓아야 한다.' 맞나?"

현수는 열을 올리며 말하는데 준희 언니는 속담 사전을 찾느라고 바빴어요.

"그래도 아빠가 먼서 잘못해 놓고 오히려 화를 내는 건 너무하잖아."

"방귀 뀐 놈이 성 낸다!"

준희 언니가 계속해서 속담만 이야기하자 현아와 현수는 맥이 빠져서 싸움을 멈췄어요.

"이제 다 싸웠어? 너희들까지 편을 갈라 싸우면 어떻게 되겠니? 이럴 때일수록 서로 힘을 합쳐서 슬기롭게 대처해야지. 미국과 소련의 냉전 가운데서 살 길을 찾아가기 위해 서로 힘을 합했던 제3세계 지도자들처럼 말이야."

"냉전이요? 그게 뭔데요? 차가운 전쟁이라는 뜻인가?"

준희 언니가 말하자 현수가 물었어요.

"맞아. 차가운 전쟁이지. 무기를 사용하지 않는 전쟁을 냉전이라고 해."

준희 언니는 계속해서 냉전과 제3세계에 대해 이야기해 주었어요.

제2차 세계 대전 중에 서로 손을 맞잡았던 미국과 소련은 전쟁이 끝나갈 무렵부터 다시 제 갈 길을 가기 시작했어요. 소련은 동유럽의 여러 나라를 사회주의 국가로 만들어 지배하면서 더 나아가 세계 전체를 공산화하려 들었어요. 이에 미국은 공산 세력에 맞서 자본주의 세계를 지켜 나가는 선봉에 서겠다고 나섰지요.

이때부터 세계는 자본주의 진영과 사회주의 진영으로 나뉘어져서 싸우기 시작했어요. 무기를 들고 싸우던 제2차 세계 대전이 끝나자마자 무기 없이 싸우는 냉전에 들어간 것이지요. 냉전으로 인해 우리나라를 비롯한 몇몇 나라들은 분단의 아픔을 겪어야 했어요. 제2차 세계 대전에서 패배한 독일은 미국, 영국, 프랑스, 소련 등 연합군의 각 나라가 나누어서 점령했어요. 그러다가 소련과 다른 나라들이 대립하자 결국 서쪽에는 자본주의 국가인 독일 연방 공화국이, 동쪽에는 사회주의 국가인 독일 민주 공화국이 세워졌어요.

미국을 중심으로 하는 자본주의 국가들은 사회주의권 국가들의 위협에 공동으로 대응하기 위해 1949년에 북대서양 조약 기구(NATO, 나토)를 만

들었어요. 소련을 중심으로 하는 사회주의 국가들도 군사적으로 서로 돕기 위해 1955년에 바르샤바 조약 기구를 만들었지요. 미국과 소련은 아시아, 아프리카, 중동 등에서 사사건건 경쟁하며 부딪혔어요.

무서운 무기를 만들어 내는 데에도 경쟁적으로 열을 올렸어요. 먼 거리를 날아갈 수 있는 대륙간 탄도 미사일을 만들어 내는가 하면, 1962년에는 소련이 미국의 코앞인 쿠바에 핵미사일을 설치하려고 했어요.

차가운 전쟁

이 일로 인해 두 강대국 사이의 대립은 극에 달했어요. 전쟁이 일어나기 바로 직전까지 갔지요. 하지만 이 위기는 소련이 미사일을 철수하기로 하면서 해결이 되었어요. 두 나라 모두 상대방에게 지고 싶지 않았지만 핵무기를 사용할 경우 상대방도 핵무기로 보복하리라는 것을 너무나 잘 알고 있었거든요. 그래서 서로 핵무기를 사용하지 않겠다는 뜻을 분명히 밝혔어요.

이후 냉전은 한풀 꺾였고 양 진영 사이에 화해의 분위기가 형성되어 갔어요. 그러다 1990년대에 들어 독일이 통일되고 소련이 붕괴되면서 사회주의권이 몰락하자 냉전은 완전히 막을 내리게 되었지요.

한편 제2차 세계 대전 후 아시아, 아프리카, 라틴 아메리카에서는 여러 나라들이 독립을 이루었어요. 대부분이 흑인이나 황인종의 국가였지요. 새로 생겨난 나라들은 이제 자기 나라의 대통령이나 국회를 따로 갖출 수 있었어요. 중요한 결정은 그 나라 국민들의 뜻에 따라 할 수 있었고요.

하지만 독립을 했다고 완전히 자유로워질 수는 없었어요. 새로 생겨난 나라들은 몹시 가난했기 때문이지요. 유럽이나 미국을 따라가기는커녕 먹고살기도 어려운 형편이었어요. 그러다 보니 경제적으로는 여전히 강대국에 얽매여 있었지요.

아시아와 아프리카의 새로 독립한 나라들은 차츰 자기들끼리 힘을 모아 미국이나 소련 등의 강대국들에 맞서 나가기 시작했어요. 이런 나라들을 제3세계라고 부르지요. 미국을 중심으로 한 자본주의 세계와 소련을 중심으로 한 사회주의 세계를 제외한 또 다른 세계라는 뜻이에요.

세계 평화를 위한 노력을 처음 시작한 것은 중국과 인도였어요. 냉전이 한창이던 1954년에 인도의 지도자 네루와 중국 공산당 대표인 저우언라이(주은래)가 만났어요.

"우리는 절대로 미국 편에도 소련 편에도 서지 말고 중립을 지킵시다. 우리 같은 힘없는 나라들이 싸워 봤자 이익을 보는 것은 강대국들뿐이라고요."

"맞습니다. 우리는 서로 다른 나라를 존중해 주고, 평화롭게 살아가도록 노력해야 합니다."

이렇게 의견을 모은 두 사람은 평화 5원칙을 만들었어요. 평화 5원칙의 내용은 서로 다른 나라의 국토와 주권을 존중해 주고, 남의 나라를 침략하지 않고, 또 남의 나라 정치에도 간섭하지 않는다는 것이었지요. 또 어느 나라에게나 평등하게 대하고, 평화를 지키며 살아가자는 것도 포함되어 있었어요.

그리고 이듬해인 1955년 인도네시아의 반둥에서 제1차 아시아 아프리카 회의가 열렸어요. 이 회의에는 아시아와 아프리카의 새로 독립한 29개 나라의 대표들이 참석했어요.

아시아 아프리카 회의에서는 평화 5원칙을 기초로 한 반둥 정신을 발표했어요.

"우리는 자본주의나 사회주의 어느 편도 들지 않습니다. 또 힘센 나라가 다른 나라를 함부로 침략해서 식민지로 만드는 것을 반대합니다. 나라와 나라 사이에 다툼이 생겼을 때는 국제 연합(UN)의 결정에 따라 해결해야 합니다. 여기 모인 나라들은 모두 세계 평화를 지키는 데 힘을 모을 것입니다."

세계 평화를 지키려는 반둥 정신은 이후 제3세계 국가들이 국제 정치에 임하는 기본적인 정신이 되었어요.

제3세계 국가들은 국제 연합 회의 때 미국과 소련의 대통령이 만나 냉전을 끝내고 세계 평화를 지키기 위해 대화하기를 바랐어요. 하지만 미국이나 소련은 제3세계의 말을 듣지 않았어요.

그러자 제3세계 여러 나라의 대표들이 모여 다시 비동맹국 회의를 열었어요. 미국이나 소련 중 어느 편에도 속하지 않는 나라의 대표들이 모여 회의를 한 것이지요. 제1차 비동맹국 회의는 1961년 유고슬라비아(지금의 세르비아)의 베오그라드에서 열렸어요.

"비동맹에 참가할 수 있는 나라는 어떤 나라인지를 먼저 정해야 합니다."

"맞습니다. 아무 나라나 다 참가시켰다가는 말로만 비동맹이라고 하면서 또다시 미국 편과 소련 편으로 갈라져서 서로 싸울지 모릅니다."

제1차 비동맹국 회의에서는 어떤 나라가 비동맹에 참가할 수 있는지를 정했어요. 우선은 세계의 평화를 사랑하고, 모든 나라가 스스로 살아갈 수 있도록 남의 나라를 침략하거나 남의 나라 일에 간섭하지 않아야 한다는 데 동의하는 나라여야 한다는 원칙이 정해졌어요.

"비동맹은 말 그대로 동맹을 하지 않는다는 것입니다. 그러니 미국이나 소련과 동맹을 맺은 나라는 무조건 이 회의에 참가할 수 없습니다."

"또 남의 나라 군대가 들어와 있는 나라도 제외시켜야 합니다. 소련군이나 미군이 대신 나라를 지켜 주는 나라가 얼마나 많습니까? 그런 나라들은 결국 소련이나 미국이 원한다면 언제든지 전쟁을 할 수 있는 나라입니다."

"또 있습니다. 군대가 들어가 있지는 않더라도 미국이나 소련의 무기가 설치되어 있는 나라도 마찬가지 아닙니까? 이런 나라도 빼야 합니다."

이렇게 해서 비동맹에 참가할 수 있는 나라들이 정해졌어요. 비동맹에 가입하는 나라는 차츰 늘어 1980년에는 100여 개국이나 되었어요.

하지만 냉전이 끝난 뒤에는 정치적으로 제3세계를 규정하는 것의 의미가 없어졌어요. 이후부터는 오히려 경제적 의미에서 제3세계를 규정하는 경우가 많아졌지요.

경제적으로는 서유럽이나 미국, 일본 등 선진 자본주의 국가들이 제1세계, 소련과 동유럽 등 사회주의 노선에 따라 산업화를 이룬 나라들이 제2

세계예요. 이 나라들로부터 기술과 자본을 들여와 산업화를 추진하는 라틴아메리카, 아시아, 아프리카, 중동의 여러 나라들은 제3세계가 되는 거고요.

"누나, 그만 집에 가자."
준희 언니의 이야기가 끝나자 현수가 자리에서 일어났어요.
"왜? 조금 더 있다 가지."
"빨리 일어나. 집에 가서 할 일이 생각났단 말이야."
미적거리는 현아를 재촉하며 현수가 서둘러 댔어요.
"뭘 할 건데?"
"우리는 엄마, 아빠 어느 편도 들지 않겠다는 것을 분명히 밝히고 우리 집의 평화를 위해서 두 분이 서로 대화를 나누라고 제안할 거야."
현수는 이렇게 말하더니 현아를 잡아끌고 집으로 향했어요.

달에는 토끼가 살지 않아요

 아폴로 11호 달 착륙

오늘은 준희 언니가 아이들을 데리고 미술관에 가기로 했어요. 좀 멀리 있는 곳이라서 준희 언니가 승용차를 운전하고 가기로 했지요. 준희 언니는 길을 잘 몰라서 내비게이션을 켰어요.

"이쪽 길은 많이 막히나 봐. 다른 길로 가야겠다."

중간에 준희 언니가 내비게이션을 보며 말했어요.

"내비게이션은 어떻게 그런 것까지 알까? 참 신기하다."

"누나처럼 무식한 사람들한테는 신기할 거야. 내비게이션은 인공위성에서 정보를 받기 때문에 실시간 교통 정보를 알려 줄 수 있는 거야. 인공위성이 뭔지는 알아? 누나가 밤에 하늘 보고 별 하나, 나 하나 세던 별 중에도 실은 인공위성이 끼어 있었을 거야."

현아가 감탄하자 현수가 말했어요.

"뭐라고? 내가 설마 별하고 인공위성도 구별하지 못하겠니? 나도 인공위성이 뭔지 정도는 안다고."

"지구 궤도를 돌고 있는 인공위성을 누나가 어떻게 구별해 내겠어? 밤에야 겨우 반짝거리는 점 정도로 보일 뿐인데. 그러니까 밤에 하늘에서 반짝인다고 모두 별은 아니란 말이야."

현아가 발끈하자 현수가 다시 말했어요.

"과학이 발달하면서 생활이 편리해지는 건 좋지만 재미가 없어지기도 하는 것 같아. 지금은 달을 보면서 '저기에는 누가 살까?' 이런 생각을 하는 사람들이 없을 것 아니야? 그런 점에서는 꿈꿀 수 있었던 옛날이 훨씬 더 좋았을 것 같아."

준호가 차로 꽉 찬 길을 내다보며 말했어요.

"그래. 아폴로 11호 덕분에 달의 신비는 벗겨져 버렸지."

"아폴로 11호가 뭔데요?"

현아가 묻자 준희 언니는 아폴로 11호의 달 착륙에 대해 이야기해 주었어요.

무기 개발 경쟁을 벌이며 열을 올리던 미국과 소련은 우주 개발에서도 경쟁을 시작했어요. 이 경쟁은 소련이 인공위성을 쏘아올린 1957년에 시작됐어요. 소련의 스푸트니크 1호는 미국보다 앞서서 지구 주위를 도는 데 성공했어요.

"드디어 우주 시대가 열리는구나!"

"사람이 저 우주선에 타고 달에 다녀올 수 있을까?"

인공위성을 쏘아 올리는 데 성공하자 사람들은 이제 직접 우주선을 타고 우주여행을 해 보고 싶어졌어요.

"하지만 너무 위험하지 않을까? 무슨 일이 일어날지 알 수 없잖아."

"그래. 그러니까 사람 대신 우선 동물을 태워 보내는 것이 어떨까? 개나 원숭이 같은 동물이 견딜 수 있다면 사람도 무사히 다녀올 수 있을 테니까."

이렇게 해서 한 달 후에는 라이카라는 이름의 개 한 마리가 탄 스푸트니크 2호가 발사되었어요.

소련이 인공위성 발사에 성공하자 미국도 뒤질세라 이듬해 1월에 익스플로러 1호를 쏘아 올렸어요. 이어서 미국은 우주 개발을 맡아 할 미국 항공 우주국(NASA, 나사)을 만들었어요.

두 나라의 과학자들은 인간이 우주여행을 할 수 있다는 확신을 갖고서 더욱 열심히 연구를 계속했어요.

1961년에는 인류 최초로 우주여행에 성공한 사람이 생겨났어요. 그는 소련의 우주 비행사 가가린이었지요. 가가린은 보스토크 1호라는 우주선을 타고 지구 주위를 한 바퀴 돈 후 무사히 지구로 돌아왔어요.

미국과 소련이 인공위성 발사에 잇따라 성공하자 다른 나라들도 앞다투

어 인공위성 개발에 나섰어요. 그러나 기술을 따라가는 데는 꽤 시간이 걸려서 1965년에야 겨우 프랑스가 인공위성 발사에 성공했어요. 이어 1970년에는 일본, 중국도 인공위성을 띄웠고, 우리나라는 1992년에 우리별 1호라는 인공위성을 쏘아 올렸어요.

그 뒤 인공위성은 계속 발달해서 이제는 우리 생활에서 없어서는 안 되는 것이 되어 버렸어요. 일기예보 때면 보는 구름 사진은 인공위성에서 찍은 것이지요. 또 지구 저 편에서 벌어지는 올림픽 경기를 같은 시간에 텔레비전으로 볼 수 있는 것도 인공위성 덕분이에요.

우주 개발에서 번번이 소련에 뒤지고 있던 미국은 1961년에 엄청난 계획을 발표했어요.

"1960년대가 가기 전에 인간이 달에 착륙했다가 무사히 돌아오게 하는 데 성공하고 싶습니다."

케네디 대통령은 의회에서 이렇게 연설했어요. 이에 따라 아폴로 계획이 시작되었어요.

그때 이미 소련은 달 탐사를 시작한 상태였어요. 소련은 1959년 루니크 2호를 발사했지요. 이 우주선은 정확하게 달에 맞았어요. 곧이어 루니크 3호는 달의 뒷면을 사진 찍는 데 성공했지요. 그리고 1966년 루나 9호(루니크 우주선은 4호부터 루나라고 불렀어요.)는 드디어 달에 착륙했어요.

미국도 뒤를 바짝 쫓아서 서베이어 1호를 달에 착륙시켰지요. 이 우주선은 인간이 달에 안전하게 다녀올 수 있을지를 알아보기 위해 보낸 것이었어요. 서베이어 우주선은 9호까지 발사되어 달의 이곳저곳을 조사해 왔어요. 더 이상 달은 인간에게 신비로운 것이 아니었어요. 사람들은 달이 어떻게 생겼고 달에는 무엇이 있는지를 알게 되었지요.

이제 아폴로 계획을 실현시킬 일만 남아 있었어요. 1968년 12월 아폴로 8호가 달을 향해 떠났어요. 아폴로 8호에는 세 사람의 우주 비행사가 타고 있었는데 이 세 사람은 달에 내려가 보지는 못했지만 어쨌든 우주선을 타고 달에 다녀오는 데 성공했어요.

그리고 이듬해에 마침내 아폴로 11호가 출발했어요. 1969년 7월 16일 아폴로 11호는 미국의 케이프케네디 기지를 출발했어요. 우주선에는 닐 암스트롱 선상과 올드린, 콜린스 이렇게 세 명의 우주 비행사가 타고 있었어요.

아폴로 11호는 무사히 지구를 벗어나 달에 도착했고, 착륙선이 분리되어 달에 내려앉았어요. 이윽고 우주선의 문이 열리고 암스트롱이 사다리를 내려왔어요.

1969년 7월 21일 오전 11시 56분 20초, 그는 달에 첫발을 내디뎠지요.

"이것은 한 사람에게는 작은 한 걸음일 뿐이지만, 인류에게는 커다란 의미를 지니는 것입니다."

암스트롱은 이렇게 말했어요.

그는 2시간 30분간 달에 머물면서 사진을 찍고 돌멩이나 모래 등을 채집하고 측정기를 장치하기도 했어요. 7월 25일에 아폴로 11호는 안전하게 지구로 돌아왔어요.
 아폴로 계획이 성공하고 나자 사람들은 또 다시 한 가지 꿈을 갖게 되었어요.

"인간이 우주에서 살 수 있을까?"

"중력이 없는데 과연 그게 가능할까?"

먼저 소련에서 이 실험에 들어갔어요. 1971년, 살류트 1호라는 우주 정거장을 띄워서 지구 궤도를 따라 돌게 했어요. 그리고 우주선을 타고 살류트 1호에 도착한 세 사람의 우주 비행사들이 그곳에서 생활을 시작했지요. 우주 정거장에는 일을 할 수 있는 방도 있고 잠을 자거나 쉴 수 있는 여러 가지 시설도 갖춰져 있어요. 음악을 듣거나 목욕도 할 수 있지요. 이들은 23일 동안 우주 정거장에서 지내면서 많은 실험을 했어요. 하지만 우주선이 지구로 돌아오는 동안 사고가 나서 세 사람은 모두 숨진 채로 돌아오고 말았지요.

미국도 1973년에 우주 정거장 스카이랩을 발사하는 데 성공했어요. 이후 우주 정거장은 계속 발전해서 사람이 오랜 기간 동안 머물러 살 수 있는 단계를 향해 나아가고 있어요.

다른 행성에 대한 탐사도 활발하게 진행되고 있어요. 1966년 소련의 비너스 3호가 금성으로 발사되었고, 뒤이어 미국의 바이킹 1호와 2호는 화성에 착륙하는 데 성공했어요. 목성, 토성, 천왕성, 해왕성 등으로도 우주선을 보내서 정보를 얻었고요.

1980년대에 이르러서는 한 번 쓰고 버려야 하는 로켓이 아니라 지구와 우주 공간 사이를 몇 번이고 반복해서 왔다 갔다 할 수 있는 우주 왕복선

(스페이스 셔틀)도 만들어졌어요. 최초의 우주 왕복선은 1981년에 발사되었는데, 콜롬비아라는 이 우주선은 2003년까지 28차례나 임무를 수행했어요. 우주 왕복선은 인간이 지구에서 가까운 우주 공간을 활용해 우주 실험실, 우주 공장, 우주 발전소, 우주 도시, 우주 농장 등을 건설할 수 있는 가능성을 열어 주고 있어요.

"미래에는 하늘의 별을 보면서 별자리에 얽힌 이야기를 하는 것이 아니라, 저 별에는 어떤 암석이 있는지, 물이 있는지 없는지, 또는 누가 저 별에 여행을 다녀왔다더라, 뭐 그런 얘기를 해야 할 거야."

준희 언니의 이야기를 듣고 난 준호가 말했어요.

"그럴 수도 있지. 하지만 자연의 신비, 우주의 신비는 다 벗겨지지 않을 테니까 너무 걱정하지 마. 그리고 과학적 지식이 없더라도 꿈을 꾸고 싶어 하지 않는 사람에게는 신비로운 것이 보이지 않는 거야. 반대로 꿈꾸고 싶어 하는 사람에게는 언제든 신비로운 것이 보이는 거고."

준희 언니가 말했어요. 그 사이 차는 꽉 막힌 구간을 벗어나 한산한 도로로 접어들어 쌩쌩 달리기 시작했어요.

베를린 장벽은 무너지고

 사회주의 국가의 몰락

현아네 아파트 단지에서 큰길을 하나 건너면 큰 시장이 있고 시장 뒤쪽으로 단독 주택들이 이어져 있어요. 시장은 물건도 좋고 값이 싸서 어른들이 자주 이용하시고, 고불고불한 골목길에도 가게가 많아서 골목골목 돌아다니면서 구경하는 재미가 있었어요. 오늘은 엄마 심부름으로 준희 언니가 아이들을 데리고 시장에 갔었어요. 그런데 어쩐 일인지 시장이 좀 한산해 보였어요. 문을 닫은 상점들도 많았고, 물건도 전처럼 많이 쌓여 있지 않았지요.

"내년 봄에 시장이랑 이 뒤의 단독 주택들이 모두 헐리고 여기에 아파트를 짓는대. 큰길가로는 쇼핑센터가 들어선다더군."

단골 과일 가게 주인아주머니가 알려 주셨어요.

"그럼 아주머니는 이제 쇼핑센터 안으로 들어가서 장사하시는 거예요?"

"그게 어디 쉬운가? 돈도 많이 들고, 옆에 대형 마트가 들어온다니 장사가 잘될지도 모르겠고……."

아주머니가 쓸쓸하게 말씀하셨어요.

"이 시장은 우리가 태어나기도 훨씬 전부터 있었던 거잖아. 언제까지나 여기에는 시장이 있을 줄 알았는데 없어진다니까 허전해."

"그러게. 난 이 시장이 없는 우리 동네는 상상이 안 돼."

현아와 준호가 섭섭해했어요.

"세상은 끊임없이 변화해. 영원할 것 같아 보이는 것들이 어느 순간에 변해 버리기도 하지. 1980년대까지만 하더라도 우리나라 사람들이 소련을 방문한다거나 중국 사람들이 우리나라에 온다거나 하는 일은 상상도 할 수 없잖아."

준희 언니는 집으로 돌아오는 길에 독일의 통일과 소련의 붕괴에 대해 이야기해 주었어요.

러시아에서는 1917년 혁명으로 왕정이 무너지고 혁명 정부가 들어서고 이어서 1922년에 소비에트 사회주의 공화국 연방(소련)이 만들어졌어요. 러시아, 우크라이나, 벨라루스, 우즈베키스탄 등 15개의 공화국으로 이루어진 소련에서는 공산당이 강력한 힘을 갖고 모든 것을 주도해 나갔어요.

소련은 개인이 운영하는 모든 기업을 없애고 농사지을 땅도 모두 집단 농장으로 만들었어요. 모든 산업은 국가가 계획하고 관리했어요. 공산당은 사회주의 국가가 자본주의의 문제점을 해결하고 발전해 갈 것이라고 생각했어요. 부자도 가난한 사람도 없고, 모든 사람들이 직장을 잃을 염려 없이 자유롭게 일할 수 있는 나라를 만들겠다고 했지요. 또 국가에서 모든 물건을 적당한 양만큼 만들어 내도록 관리하기 때문에 누구나 필요한 물건을 쉽게 구할 수 있을 것이라고 믿었고요.

하지만 현실은 그렇지 않았어요. 국민들은 가난했고 물건은 항상 모자랐을 뿐만 아니라 품질도 형편없었지요. 공무원들은 국민을 위해 봉사하기보다는 뇌물을 받을 궁리만 하고 있었어요. 국민들 중에는 열심히 일하지 않고 서로 눈치만 보며 대충대충 하려는 사람들이 많았고요.

또 사회주의 국가의 국민들에게는 자유가 없었어요. 정부가 공산당 정권을 유지하기 위해서 국민들을 감시하고 자유를 억압했기 때문이에요. 비밀경찰이 언제나 국민 한 사람 한 사람을 감시했지요.

소련의 고르바초프 대통령은 1986년, 페레스트로이카를 주장했어요. 소련을 개혁하자는 것이었지요. 또 글라스노스트도 함께 주장했는데 글라스노스트란 나라의 문을 열어 다른 나라와 교류한다는 뜻이에요.

고르바초프의 페레스트로이카는 곧 사회주의 진영 전체에 새로운 바람을 불러왔어요. 헝가리, 체코, 폴란드, 불가리아, 동독 등 동유럽 사회주의 국가에서 큰 시위가 일어났어요. 이제 더 이상 소련의 눈치를 보지 않게 된 동유럽 사람들은 개혁과 민주화를 외쳤지요. 그리고 얼마 가지 않아 동유럽의 사회주의는 하나하나 무너졌어요.

1989년 10월, 건국 40주년을 맞은 동독에서도 많은 사람들이 시위를 벌였어요.

"동독 국민에게 자유를 달라!"

"민주주의를 실현하라!"

사회주의 국가인 동독은 무척 가난할 뿐 아니라 민주적이지도 못했어요. 벽 하나를 사이에 둔 서독과는 비교할 수도 없을 정도로 형편없었지요. 동독 사람들은 무더기로 동독을 빠져나가 서독으로 갔어요. 공산당의 통치는 더 이상 불가능한 지경에 이르렀어요. 동독 국민들은 서독과 동독 사이를 가로막은 베를린 장벽을 허물었어요. 그러자 그해 12월 동독 정부는 결국 베를린 장벽을 개방할 수밖에 없었지요.

이듬해부터 동독에서는 개혁이 시작됐고, 서독은 이 기회에 독일의 통일을 추진했어요. 국내외에 반대 의견들이 있기는 했지만 많은 동독 국민들은 동독이 서독에 합쳐지기를 바랐지요. 이런 국민들의 뜻이 반영되어 3월의 자유 총선거에서는 동독이 서독에 흡수되는 통합을 공약으로 내건 정당의 후보가 총리로 뽑혔어요.

1990년 10월 2일, 동베를린의 동독 정부를 해체하는 식이 거행되었어요. 이제 동독이라는 나라는 지구에서 완전히 사라진 것이고 독일 땅에는 서독만이 남게 된 것이지요.

　이튿날 자정에 독일 사람들은 동베를린과 서베를린의 국경이었던 브란덴부르크 문 앞 광장에 모여 밤이 새도록 통일의 감격을 나눴어요. 세계 여러 나라 사람들도 45년 만에 독일이 통일되는 순간을 함께 지켜보며 박수를 보냈지요.

　하지만 독일의 통일은 동독이 서독에 일방적으로 합쳐진 것이기 때문에 통일 이후에 여러 가지 어려움을 겪었어요. 서독은 잘사는 나라고 동독은

가난한 나라였고, 또 오랫동안 갈라져서 살다 보니 서로 생각하는 것도 차이가 많이 났기 때문이지요.

한편 소련에서의 개혁도 순조롭게 진행되지 않았어요. 그동안 쌓인 불만이 터져 나와 국민들은 고르바초프의 페레스트로이카에 만족하지 못했어요. 좀 더 빨리 개혁을 해야 한다며 시위를 벌였고, 각 공화국들은 독립의 움직임을 보였어요.

통일이다!

그런가 하면 또 다른 한편에는 사회주의를 지켜야 한다며 고르바초프에 반대하는 사람들이 있었어요. 1991년 8월 19일에는 고르바초프의 페레스트로이카에 반대하는 사람들이 쿠데타를 일으켰어요. 그들은 예전과 같은 사회주의를 지켜야 한다고 주장했어요.

하지만 쿠데타는 사흘 만에 실패로 끝나고 말았어요. 대부분의 소련 국민들이 쿠데타에 반대했기 때문이지요. 소련 국민들은 모두가 개혁을 바라고 있었지 사회주의라는 이름만 붙잡고 있는 것을 바라지는 않았으니까요. 수많은 사람들이 거리로 몰려나와 쿠데타를 일으킨 군대에 맞서 싸웠어요. 소련에서 사회주의 혁명이 일어나도록 지도했던 레닌의 동상을 쓰러뜨리기도 했지요.

이때 러시아 공화국의 대통령 옐친은 쿠데타 군대의 탱크 위로 기어 올라갔어요. 그러고는 시위대를 향해서 소련 사회의 개혁을 주장하는 연설을 했지요. 옐친은 고르바초프보다 훨씬 더 강하게 소련을 개혁하려고 했어요. 이 연설 덕분에 옐친은 소련 국민들이 가장 믿고 따르는 지도자가 되었지요.

"소비에트 연방으로는 개혁이 불가능합니다. 낡은 틀을 없애고 새롭게 다시 시작해야 합니다."

그 뒤 옐친이 이끄는 러시아 공화국은 자기들만의 경제 개혁을 추진했어요. 연방 정부는 있으나 마나 한 것이 되어 버렸고, 러시아를 비롯한 공

화국들은 독립을 결정했어요. 그리고 1991년 11월에 소련에 속해 있던 11개의 공화국들이 모여서 독립 국가 공동체를 만들었어요. 사회주의 혁명이 일어난 지 74년 만에 소비에트 연방은 지구 위에서 완전히 사라져 버린 것이지요.

소련이 해체되고, 동독이 서독에 흡수 통일되었다고 해서 사회주의 국가가 완전히 없어진 것은 아니에요. 세계 인구의 5분의 1을 차지하는 중국이 여전히 사회주의 국가로 남아 있으며, 북한, 쿠바 등 몇몇 사회주의 국가들은 현실의 변화에 적응하며 살아남기 위해 애쓰고 있어요.

중국도 역시 경제적 어려움, 비민주성 등으로 인해 국민들로부터 비난을 받아 왔어요. 1980년대 사회주의 국가들에 불어 닥친 변화의 바람은 중국에도 예외 없이 불어왔어요. 동유럽과 소련에서 개혁과 개방이 한창 진행 중이던 1989년에는 학생, 지식인, 노동자 등이 톈안먼 광장에 모여 민주화를 요구하는 대규모 시위를 벌였어요.

공산당 지도부와 시위에 참가한 국민들은 개혁에 대한 생각이 달랐어요. 국민들은 좀 더 빠르고 광범위한 개혁과 개방을 원했지만 공산당 지도부는 사회주의의 원칙을 지키면서 점차적으로 개혁과 개방을 이루고자 했지요. 톈안먼 광장의 시위에 대해 중국 정부는 탱크까지 동원했고 총을 쏘아 수많은 사람들이 목숨을 잃었어요.

"난 발전을 위해서 변화는 꼭 필요하다고 생각해. 시장이 없어지고 쇼핑센터가 문을 열면 우리 동네가 더 좋아질 거라고."

준희 언니의 이야기를 듣고 나서 현수가 말했어요.

"변화가 다 나쁜 것도 아니고, 무조건 다 좋은 것도 아니야. 올바른 방향으로 발전하기 위한 변화이냐, 그렇지 않은 변화이냐가 중요한 것이지. 그리고 아무리 올바른 방향을 향한 변화라고 하더라도 변화의 과정에서 희생되는 사람이 없도록 순서와 속도를 조정하는 것도 필요하고."

준희 언니가 말하는 동안 어느새 집에 도착했어요.

세계의 화약고
중동

 걸프전

오늘은 크리스마스라서 저녁에 준호네 집에서 파티를 하기로 했어요. 준희 언니가 아이들을 위해 파티를 열어 주기로 했거든요. 각자 조그마한 선물을 준비하고 맛있는 음식도 장만했지요.

"저 들 밖에 한밤중에 양 틈에 자던 목자들 한 천사가 전하여 준 주 나신 소식 들었네. 노엘, 노엘, 노엘, 노엘 이스라엘 왕이 나셨네."

아이들은 입을 모아 노래도 불렀어요.

"이스라엘 왕이 나신 걸 왜 우리가 축하해야 하지? 인류를 구원하기 위해 예수님이 오신 것을 축하한다면 이해가 가지만 이스라엘 왕은 우리와 상관없잖아. 아무래도 이 노래는 좀 이상한 것 같아."

기껏 노래를 열심히 부르고 나서 현수가 불평을 했어요.

"전에 누나가 예수님의 탄생과 유대 민족에 대한 이야기를 해 줬잖아. 그런 역사적 맥락을 이해하면서 노래를 해야지. 여기서 이스라엘 왕이라는 것은 세속적인 의미의 왕을 뜻하는 게 아니라 종교적인 지도자를 뜻하는 거야."

"예수님이나 이슬람교의 알라신은 전쟁으로 얼룩진 중동의 역사를 지켜보며 뭐라고 하실까? 난 그게 참 궁금해. 이 분들은 모두 자비로운 분들인데 말이야."

준희 언니가 설명하자 준호가 말했어요.

"그래. 중동에서는 제2차 세계 대전이 끝난 뒤로도 끊임없이 전쟁이 계속되고 있거든. 20세기 막바지의 걸프전이나 21세기가 밝자마자 있었던 이라크 전쟁까지 말이야."

준희 언니는 계속해서 제2차 세계 대전 이후 중동의 역사에 대해 이야기해 주었어요.

중동은 아프가니스탄 서쪽의 서남아시아와 아프리카의 이집트, 또는 리비아까지를 가리키는 말이에요. 이 지역은 대부분 이슬람교를 믿고 아랍어를 쓰기 때문에 아랍권이라고 부르기도 해요.

이 지역에 전쟁의 불씨를 심은 것은 영국이에요. 제1차 세계 대전 중에 영국은 동맹국 중의 하나인 오스만 투르크를 약화시키기 위해 아랍인들의 도움이 필요했어요. 그래서 전쟁을 도와주면 팔레스타인을 독립시켜 주겠다는 약속을 했어요. 다른 한편으로는 유대인에게도 팔레스타인에 이스라엘을 다시 세울 수 있게 해 주겠다는 약속을 했고요.

같은 땅에 유대인과 아랍인이 각각 나라를 세우겠다고 나서다 보니 싸움이 일어날 수밖에 없었지요. 이렇게 해서 이스라엘과 아랍권 국가들 사이에 벌어진 전쟁이 중동 전쟁이에요. 중동 전쟁은 1948년을 시작으로 1973년까지 네 차례나 계속되었어요.

제1차 중동 전쟁에서 아랍권이 패배하자 그곳에 살던 팔레스타인 사람들은 이곳저곳으로 흩어졌어요. 이들은 나라를 되찾기 위한 조직을 만들기도 했는데, 이 조직들을 하나로 모아 1964년에 만들어진 것이 팔레스타인 해방 기구(PLO)예요.

중동 전쟁이 끝나고 이스라엘과 아랍권 국가들 사이에 협정이 맺어졌지만 팔레스타인 문제가 깔끔하게 해결된 것은 아니었어요. 전쟁의 불씨는 남아 있는 상태지요.

이스라엘과 아랍권의 대립이 한 매듭 지어진 뒤에 중동에서 다시 전쟁의 총소리가 울린 것은 이란과 이라크 국경이었어요. 이란과 이라크는 1975년에 국경을 정하는 협정을 맺었어요. 그 뒤 1979년 이란에서 혁명이 일어나 팔레비 왕조가 망명하고 이슬람 공화국이 세워졌어요. 이때부터 이란은 과거의 결정을 무시하고 이라크와 국경 다툼을 벌였지요.

먼저 공격을 시작한 것은 이라크였어요. 이란이 아직 혁명의 후유증에서 벗어나지 못하고 있던 1980년에 재빨리 공격을 한 것이지요. 이 전쟁은

8년 동안이나 계속되었는데, 국경 문제만이 아니라 민족, 종교 등의 차이에서 오는 갈등이 함께 작용한 것이었어요. 두 나라는 모두 이슬람 국가지만 이슬람 내에서 종파가 다르고, 이라크는 아랍 민족이고 이란은 페르시아 민족이라는 차이가 있거든요.

한편, 중동 지역은 석유가 많이 생산되어 석유 수출이 국가 산업의 커다란 부분을 차지하고 있어요. 쿠웨이트처럼 영토는 작지만 석유가 많이 묻혀 있어서 아주 부유한 나라도 있었어요. 석유 수출국들은 1960년부터 석유 수출국 기구(OPEC)를 만들어서 협조하고 있었어요. 석유 값이 너무 떨어지지 않도록 회원 국가들 간에 협의를 통해 생산량을 일정하게 조정하는 방식이지요.

이라크는 쿠웨이트가 약속보다 많은 양의 석유를 내다 파는 바람에 석유 가격이 떨어진다고 불평하고 있었어요. 그러더니 1990년 8월 2일 갑자기 쿠웨이트로 쳐들어가 삽시간에 거의 대부분의 영토를 점령하고는 쿠웨이트를 이라크에 통합한다고 발표했어요. 쿠웨이트는 원래 이라크의 영토였다는 것이 그들의 주장이었어요. 그러자 국제 연합(UN)에서 회의가 열렸어요.

"이라크가 1991년 1월 15일까지 쿠웨이트에서 철수하지 않으면 국제 연합은 이라크에 대해 군사적인 공격을 할 것이다."

국제 연합은 이런 결정을 내리고 군대를 모았어요. 여러 나라에서 모인이 군대를 다국적군이라고 부르지요. 국제 연합의 최후통첩에도 불구하고 이라크는 쿠웨이트에서 철수하기는커녕 군대를 더 모아서 다국적군에 맞설 준비를 갖췄어요.

시간은 흘러 1월 15일을 훌쩍 넘겨 버렸고, 68만 명의 다국적군도 전쟁 준비를 마쳤어요. 다국적군은 미군이 많은 비중을 차지하기는 했지만, 34개국이 참여했고 우리나라 의료진도 포함되어 있었어요.

1월 17일, 미국은 이라크의 주요 시설을 향해 폭격을 시작했어요. 이라크는 순식간에 신형 무기들의 실험장으로 변해 버렸어요. 미국은 그동안 개발해 놓고 실제로 사용해 보지 못한 온갖 무기들을 이 전쟁에 사용했어요. 폭격으로 이라크의 주요 시설을 거의 다 부숴 버린 뒤에 병사들이 쿠웨이트로 들어가 이라크군을 몰아냈어요. 이라크군은 맥없이 밀려났고, 미국은 2월 28일에 전쟁이 끝났다고 선언했어요.

이 전쟁을 걸프전이라고 불러요. 걸프전은 국제 연합의 결정에 따라 세계 여러 나라가 힘을 합해 침략 전쟁에 대응한 것이었어요. 국제 연합은 1945년에 세계 평화와 안전을 위한 협력을 위해 만들어진 국제기구예요. 하지만 다국적군의 중심이 되었던 미국이나 유럽의 강대국들에게는 세계 평화를 지키겠다는 목적 이외에도 또 다른 목적이 있었어요. 바로 석유였지요. 중동에서 석유를 사다 써야 하는 이 나라들은 중동이 자기들의 영향력 아래 있기를 바랐거든요. 그러니 이라크가 쿠웨이트를 차지하고 중동에서 영향력을 키워 가는 것을 두고 볼 수 없었던 것이지요.

 이렇게 여러 가지 문제들이 얽혀서 중동은 하루도 편할 날이 없었어요. 걸프전은 끝났지만 미국과 아랍권의 대립은 21세기로 이어졌어요.

 2001년 9월 11일 미국에서 대폭발 테러 사건이 일어났어요. 이슬람 테러 조직이 비행기를 납치해 미국 뉴욕의 세계 무역 센터 빌딩에 부딪치게 한 사건이었어요. 이 테러 사건으로 미국과 세계 경제는 순식간에 혼란에 빠졌고 미국은 큰 충격을 받았어요.

미국은 곧바로 이슬람 테러 조직에게 보복을 하겠다며 이들이 숨어 있던 아프가니스탄에서 전쟁을 벌였어요. 그리고 2003년에는 세계 평화를 위해 이라크가 가지고 있는 무기들을 없애야 한다며 이라크를 공격해 다시 이라크 전쟁을 일으켰어요.

"크리스마스에 듣기에는 너무 우울한 얘기들이다. 21세기에도 세계 평화는 기대하기 어려운 건가?"

준희 언니의 얘기가 끝나자 준호가 침울하게 말했어요.

"사람이 모여 사는 곳에 갈등이 아주 없을 수는 없을 거야. 식구들 몇이 모여 사는 가정에서도 툭 하면 다툼이 생기는데 말이야. 중요한 것은 갈등을 평화적으로 해결할 수 있는 지혜와 힘을 모으는 것이지. 우울한 얘기이기도 하지만 크리스마스에 세계 평화에 대해 얘기해 본 건 의미 있는 거 아니었니?"

준희 언니는 너무 무거운 얘기를 꺼낸 것이 미안했는지 아이들 눈치를 보며 말했어요.

"우울한 얘기는 그만 하고 이제부터 즐겁게 파티를 시작하자고요."

현아는 서둘러서 분위기를 바꿔 보려고 애썼어요.

21세기의 출발

 세계의 미래

올해의 마지막 날, 현아와 준호네 식구들은 한자리에 모여서 송년회를 가졌어요. 한 해 동안 있었던 일들을 돌이켜 보며 이런저런 얘기도 나누고 덕담도 주고받았지요.

"자, 이제 각자 내년에는 무엇을 할 것인지 얘기해 보자."

할아버지의 말씀에 따라 식구들은 모두 내년 한해의 목표와 계획에 대해 얘기를 했어요. 현아는 올해도 횡설수설 수없이 많은 꿈들을 늘어놓았지요. 하지만 준호는 끝까지 한마디도 하지 않았어요.

얘기가 끝나고 아이들끼리 현아 방에 모여서 보드 게임을 할 때 현아가 준호에게 왜 말을 하지 않았느냐고 물어봤어요.

"나는 미래에 대한 계획 같은 건 세우지 않기로 했어. 언제 세계가 멸망할지도 모르는데 계획을 세워 뭐하겠어? 전쟁은 끊이지 않고 환경은 오염되고, 경쟁은 점점 더 치열해지고, 지구의 어느 한편에서는 물건이 남아도는데도 또 다른 한편에서는 굶어 죽는 사람이 있고…….”

"형은 왜 그렇게 비관적으로만 생각해? 세상은 나날이 발전해 가고 있잖아. 몇십 년 전과 비교해 보더라도 오늘날의 세상은 더 편리하고 풍요로워졌어. 물론 문제가 없는 건 아니지만 그런 문제들을 해결하면서 앞으로도 계속 발전해 갈 거라고."

준호가 대답하자 현수는 답답하다는 듯이 손짓까지 해 가며 열심히 말했어요.

"준호야, 인류가 생겨나서 지금까지 살아오는 긴긴 역사 속에서 단 한 순간도 아무런 문제없이 순탄하게 발전만 했던 시기는 없었어. 때로는 옳지 못한 길로 가서 많은 사람들이 희생되고 인류 전체가 큰 상처를 입기도 했지. 그래도 인류는 문제를 해결하고, 또 새로운 문제에 부딪히면서 서서히 발전해 온 거야. 인류의 역사를 이끌어온 힘은 역사책에 이름이 나오는 위인들이 아니야. 그건 바로 자신이 살고 있는 곳에서 매 순간 최선을 다했던 평범한 한 사람 한 사람의 힘이야. 그들의 힘이 모여서 역사를 이끌어 온 거지. 준호랑 현아도 바로 그중 한 사람이고 말이야."

준희 언니가 말했어요. 언니는 계속해서 우리가 살고 있는 21세기의 세계에 대해서 말해 주었어요.

20세기의 마지막 십수 년 동안 세계는 많은 변화를 겪었어요. 제1차 세계 대전과 제2차 세계 대전 이후에 형성된 세계의 질서가 새롭게 편성되었으며, 지금까지 겪어 보지 못한 전혀 새로운 문제에 부딪히기도 했어요.

제2차 세계 대전 이후 미국은 경제적으로나 군사적으로 세계에서 제일가는 나라가 되었어요. 근대 세계의 선구자였던 서유럽의 여러 나라들은 두 차례에 걸친 전쟁으로 피해를 입고 식민지도 잃어버린 탓에 모두 몰락해 버렸어요. 이에 비해 미국은 전쟁의 피해를 적게 입고 무기를 팔아 큰돈을 벌 수 있었을 뿐 아니라 연합군의 승리에 중요한 역할을 했기 때문에 국제적 지위도 올라갔어요.

시간이 지나면서 주춤하던 영국, 프랑스, 독일 등 유럽의 나라들도 차츰 힘을 되찾아 갔어요. 서유럽의 여러 나라들은 1967년에 평화와 경제 번영을 위해 유럽 공동체(EC)를 만들었어요. 영국 등 유럽 공동체에 참여하지 않은 서유럽 나라들끼리는 유럽 자유 무역 연합(EFTA)을 만들고 있었어요. 유럽 자유 무역 연합의 목적도 경제적인 협력이었지요. 1980년대 들어서는 유럽 자유 무역 연합에 속해 있는 나라들도 모두 유럽 공동체에 가입했어요.

1994년에는 이 두 기구가 합해져서 유럽 경제 지역(EEA)을 만들었고 유럽 공동체는 유럽 연합(EU)으로 이름을 바꿨어요. 유럽 연합은 회원국들 사이에서 사람, 상품이나 자본, 서비스, 시장 등이 자유로이 오고갈 수 있게 했어요. 이어 1999년에는 유로화를 만들어 영역 안에서 모두 같은 화폐를 사용하기 시작했고요. 유럽 연합은 2000년대에 폴란드, 헝가리, 체코, 슬로바키아, 불가리아, 루마니아 등이 차례로 가입해서 가맹국 수가 더욱 늘어났어요.

유럽 연합의 예에서 알 수 있는 것처럼 20세기 말부터는 국가를 뛰어넘어 전 지구가 하나로 통합되는 지구화가 진행되고 있어요. 1970년대 초부터 세계 경제가 어려워지면서 이제 한 나라 안에서의 경제 활동에만 머물 수 없어졌어요. 세계 어디든 이윤이 남을 만한 곳이 있으면 돈을 투자하고 회사를 세우며, 경쟁에서 살아남기 위해서는 기업끼리 힘을 합치거나 아예 통합해 버리는 경우도 많아졌어요.

컴퓨터가 보급되고 통신 기술이 엄청나게 발전하면서 인터넷, 위성 방송 등이 만들어져 이런 지구화를 뒷받침해 주고 있어요. 또한, 소련이 붕괴하고 냉전이 끝난 것도 지구화를 부채질하고 있어요. 이제는 사회주의권이니 자본주의권이니 나눌 것 없이 전 세계가 서로 경쟁하고, 협력하는 시대가 열린 거예요.

지구화의 추세 속에서 부자 나라와 가난한 나라 사이의 격차는 날로 심해지고 있어요. 선진국은 노동력이 많이 필요한 산업은 후진국으로 넘겨서 국제적 분업을 이루었어요. 이런 국제 분업 구조 속에서 부는 몇몇 국가에만 몰리고 나머지 나라들은 점점 더 가난해질 수밖에 없어요. 현재 지구상에서 생산되는 농산물의 양은 세계 인구를 모두 먹여 살리고도 남을 만큼 넉넉해요. 그러나 아직도 한편에서는 많은 사람들이 굶주리거나 영양 부족 상태에 놓여 있는데 그 이유 중 하나가 여기에 있어요.

전쟁도 굶주림의 중요한 원인이에요. 제1차 세계 대전과 제2차 세계 대전 이후에도 세계 곳곳에서는 전쟁이 끊이지 않았어요. 아프리카, 아시아, 남아메리카 등지에서는 전쟁으로 먹을 것을 구하지 못해 죽어 가는 사람들이 여전히 사라지지 않고 있어요.

1999년 10월 12일 세계 인구는 60억을 돌파했어요. 1900년의 세계 인구가 약 16억 명이었던 것에 비하면 100년 동안 엄청난 속도로 늘어난 거예요. 인구가 이렇게 폭발적으로 늘어날 수 있었던 것은 예방 의학의 발달로 홍역, 이질, 말라리아, 천연두 등의 전염병이 줄어들면서 유아 사망률이 낮아졌기 때문이에요. 또한 신품종의 개량, 인공 비료 등 녹색 혁명으로 식량이 많이 생산된 것도 한몫을 했어요.

그러나 인구 증가와 지나친 개발은 환경을 파괴시키고 있어요. 산업 혁명 이후 석유, 석탄 등의 화석연료를 많이 사용하다 보니 공기 중의 탄산가스 농도는 해마다 높아지고 있어요. 또 공기를 깨끗하게 해 주는 숲의 나무를 베고 그 자리에서 농사를 짓거나 집을 짓다 보니 지구의 공기는 점점 더 탁해지고 있지요. 이로 인해 지구 표면의 온도는 자꾸만 올라가고 있어요. 바닷물의 온도도 올라가서 빙하가 녹으면서 바닷물의 양도 늘어가고 있어요. 바닷물이 늘어나면 섬이나 해안가에 사는 사람들은 삶의 터전을 잃을 수 있지요.

태양빛의 자외선을 적절히 막아 주는 오존층이 파괴되는 것도 커다란 문제예요. 냉장고의 냉매 등으로 쓰이는 가스가 오존층을 파괴하고 있는데, 오존층이 파괴되면 자외선이 지구에 직접 닿아서 피부암 등의 병을 일으켜요.

자연을 파괴하기만 하는 개발은 생태계와 기후를 변화시키기도 해요. 그 결과 멸종되는 생물이 늘어나고 농사도 잘되지 않고 바다의 물고기도 줄어들고 있어요. 또 홍수, 가뭄 등의 자연재해가 일어나는 등 환경 파괴로 인한 피해는 고스란히 인간에게 되돌아오고 있지요.

문명이 아무리 발전했다고 하더라도 인류가 지구 위에서 살아야 하는 한 개발에는 한계가 있게 마련이에요. 산업 혁명 이후 끊임없이 개발만을 해 온 인류는 이제 환경에 대해서도 눈을 돌리고 있어요. 환경을 비롯해 인권, 평화 등의 문제에 대해서는 비정부 기구(NGO)의 활동이 활발해지고 있지요.

"준호는 내년에 어려움을 당한 사람들을 돕는 봉사 활동이나 환경을 지키는 활동 같은 것을 해 보면 어떨까? 찾아보면 너희들이 참여할 만한 일도 얼마든지 있거든."

이야기를 맺으며 준희 언니가 말했어요.

대답은 안 했지만 준호는 준희 언니 제안이 솔깃한 것 같아 보였어요. 현아는 이렇게 좋은 얘기를 많이 해 주는 준희 언니가 이제 얼마 안 있으면 가 버린다는 생각을 하니 벌써부터 눈물이 나올 것 같았어요.

"올해가 가지 않았으면 좋겠어요. 올해는 준희 언니가 함께 있어서 정말 좋았는데 이제 며칠만 있으면 준희 언니는 가야 하잖아요. 가지 말고 여기서 살면 안 돼요?"

현아가 말을 꺼내자 현수와 준호도 섭섭함을 감추지 못했지요.

부록

한국사・세계사 연대표

세계 7대 불가사의

제1차 세계 대전과
제2차 세계 대전 비교

세계사 용어 해설

{ 한국사 / 세계사 } 연대표

한국사		세계사
1443년 훈민정음 창제, 세종	**1400**	1492년 서인도제도 도착, 크리스토퍼 콜럼버스 1498년 최후의 만찬 완성, 레오나르도 다 빈치
1598년 노량해전에서 전사, 이순신	**1500**	1517년 종교 개혁 시작, 마틴 루터 1533년 피사로에 의해 처형, 아타우알파 왕
1637년 삼전도의 굴욕, 인조	**1600**	
1796년 수원 화성 준공, 정약용	**1700**	1769년 증기 기관 발명, 제임스 와트 1776년 미국 독립 선언, 토마스 제퍼슨 1789년 미국 초대 대통령 당선, 조지 워싱턴 1789년 프랑스 대혁명 시작
1863년 고종 즉위, 수렴청정, 흥선대원군 1884년 갑신정변 주도, 김옥균 1894년 동학 농민 운동 봉기, 전봉준	**1800**	1804년 황제 즉위, 나폴레옹 1840년 아편 전쟁, 임칙서 1863년 노예 해방 선언, 에이브러햄 링컨 1867년 대정봉환

	1900~1920	
1910년 한일 병합 주도, 이완용 1919년 3·1 운동, 유관순 1920년 청산리 전투, 김좌진		1914년 제1차 세계 대전 발발 1917년 러시아 11월 혁명, 　　　 블라디미르 레닌 1919년 불복종 운동 시작, 　　　 마하트마 간디

	1930~1950	
1945년 광복 1948년 대한민국 정부 수립 1950년 6·25 전쟁		1933년 뉴딜 정책, 　　　 프랭클린 D. 루스벨트 1934년 중국 공산당 대장정 시작, 　　　 마오쩌둥 1939년 제2차 세계 대전 발발, 　　　 아돌프 히틀러 1955년 반둥 회의 평화 5원칙 발표, 　　　 네루, 저우언라이

	1960~1980	
1960년 4·19 혁명 1961년 5·16 군사 정변, 박정희 1970년 전태일 분신 항거 1980년 5·18 민주화 운동 1987년 6월 민주 항쟁		1964년 베트남 전쟁 시작 1969년 아폴로 11호 달 착륙, 닐 암스트롱

	1990~2000	
2000년 남북 정상 회담		1990년 독일 통일 1991년 걸프전 1992년 리우데자네이루 기후 변화 협약

세계 7대 불가사의

지구상에서 불가사의한 것으로 여겨지는 7가지 사물을 총칭하는 말이에요. 하지만 일반적으로는 기원전 330년경 알렉산드로스 대왕의 동방원정 이후 그리스인 여행자들에게 관광 대상이 된 7가지 건축물을 가리켜요. 그러나 이 7대 불가사의는 이집트 기자의 피라미드를 제외하고는 현재는 그 모습을 볼 수 없어요. 그래서 2007년 7월 7일, 민간단체인 세계 신 7대 불가사의 재단은 포르투갈 리스본 경기장에서 6년여 동안 전 세계 1억여 명이 인터넷과 전화로 투표한 결과를 종합해 세계 신 7대 불가사의를 발표했어요.

이집트 기자의 피라미드
고대 7대 불가사의 가운데 유일하게 남아 있는 기자의 피라미드는 지금으로부터 약 4,500년 전에 만들어졌어요. 기자는 이집트 수도 카이로 서쪽 13킬로미터 지점에 있는 역사적 유적지예요. 광활한 기자의 모래 언덕에는 세 개의 피라미드가 우뚝 서 있어요. 쿠푸 왕, 카프라 왕, 멘카우라 왕의 피라미드가 그것이에요.

바빌론의 공중정원
바빌론의 왕 네부카드네자르 2세가 고향을 그리워하는 왕비를 걱정해서 만든 정원으로 실제로 공중에 떠 있는 것이 아니라 높이 솟아 있다는 뜻이에요.

올림피아의 제우스신상
기원전 457년 건설한 제우스 신전에 안치된 신상으로, 고대 그리스의 조각가 피디아스가 8년 동안 작업해 완성했어요.

로도스섬의 콜로서스
로도스 항구에 서 있던 태양신 '헬리오스 청동상'은 높이가 36미터나 되었으며, 린도스의 카리오스에 의해 기원전 280년경 만들어졌는데 기원전 224년의 지진 때 붕괴되었어요.

에페소스의 아르테미스 신전
기원전 8세기경에 세워졌는데, 아르테미시온이라고 해요. 장대하고 화려한 것이 특징이에요.

할리카르나소스의 마우솔레움
할리카르나소스의 무덤이라고도 해요. 마우솔로스의 생전에 착공되었으나, 그가 죽은 뒤 왕비 아르테미시아가 계속 진행했고, 완성된 시기는 왕비 아르테미시아가 죽은 다음인 기원전 350년경으로 추측돼요.

알렉산드리아 파로스 등대
고대 알렉산드리아는 파로스 섬과 약 1킬로미터의 헵타스타디온이라는 제방으로 이어져 있었는데, 파로스 등대는 이 섬의 동쪽 끝에 있었어요.

세계 신 7대 불가사의

중국의 만리장성
만리장성의 총 길이는 약 2,700킬로미터로 중국의 거리 단위 리(1리는 약 0.4킬로미터)로 환산하면 1만 리가 넘기 때문에 '만리장성'이라는 이름이 붙게 됐어요. 진시황제가 흉노족의 침입을 막기 위해 10여 년 간 쌓았으며, 현재의 모습은 명나라 때 완성된 거예요.

이탈리아의 콜로세움
로마의 콜로세움은 세계에서 가장 유명한 건축물 중 하나라고 해도 지나친 말이 아니에요. '콜로세움'이라는 이름은 근처에 네로의 거대한 동상(콜로서스, colossus)이 있었던 데에서 유래하지만, 정식 명칭은 '폴라비우스 원형 극장'이에요.

페루의 잉카 유적지 마추픽추
페루 남부 쿠스코 시의 북서쪽 우르밤바 계곡에 있는 잉카 유적이에요. 1534년 정복자인 스페인을 상대로 반란을 일으켰던 망코 2세 이하 사이리 토파크, 티투 쿠시, 토파크 아마르 등의 잉카가 거점으로 삼았던 성채 도시로 알려져 있어요. 마추픽추는 '나이 든 봉우리'라는 뜻을 가지고 있으며 산 아래에서는 보이지 않아 '공중도시'라고도 불려요.

인도의 타지마할
타지마할은 무굴 제국의 황제였던 샤 지한이 왕비 뭄타즈 마할을 추모하여 만들었어요. 건물과 입구의 수로 및 정원의 완벽한 좌우대칭은 균형미와 정갈함을 넘어 신비로운 느낌이 들게 한답니다.

요르단의 고대 도시 페트라
페트라는 이집트, 아라비아, 페니키아 등의 교차 지점에 위치하여 선사 시대부터 사막의 대상로를 지배하여 번영을 누렸던 카라반 도시예요. 좁고 깊은 골짜기를 따라 한참을 가면 극장과 온수 목욕탕, 그리고 상수도 시설이 갖추어진 현대 도시 못지않은 도시가 있어요. 협소한 통로와 협곡으로 둘러싸인 바위산을 깎아 조성된 페트라의 건물들은 대부분 암벽을 파서 만들었어요.

멕시코의 치첸이트사
건조한 석회암 지대에 있고, 유적은 석회암, 회반죽한 흙과 목재 등으로 되어 있어요. 이트사족에 의한 최초의 취락 건설은 530년 이전의 일이라 하며, 7세기에 일단 포기되었다가 10세기에 재건되었고, 11세기 이후는 마야의 새로운 제국의 종교 중심지로서 번영하였어요.

브라질의 거대 예수상
브라질의 거대 예수상은 포르투갈로부터의 브라질 독립 100주년을 기념하여 세운 것인데, 1922년의 기념식 때는 미처 완공되지 못하고 1931년에 완공되었어요.

제1차 세계 대전과 제2차 세계 대전 비교

비교	제1차 세계 대전
배경	3국 동맹(독일, 이탈리아, 오스트리아)와 3국 협상(영국, 프랑스, 러시아)의 대립
원인	독일과 프랑스 간의 세력 견제가 야기한 3국 동맹과 3국 협상의 첨예한 대립과 독일을 축으로 한 게르만 민족계와 러시아를 축으로 한 슬라브 민족계의 갈등
발단	사라예보 사건(오스트리아 황태자 부부 암살 사건) 오스트리아가 세르비아에 선전포고
유명한 전투	① 마른 전투(독일의 진격을 영국 프랑스 연합군이 차단함으로써 전쟁이 장기화 됨) ② 베르됭 전투(그 당시 세계 최고의 요새로 불리던 프랑스 베르됭 요새를 두고 연합군과 독일군과의 치열한 전투가 10개월간 지속됨. 70만 명의 전사자 양산)
당시 인물	① 몰트케 장군(독일의 유명한 장군) ② 빌헬름 2세(당시의 독일 황제, 혁명으로 인해 망명함) ③ 조프르 장군(프랑스의 장군, 마른 전투에서 독일군의 진격을 저지)
사용된 무기	① 비행기가 본격적으로 전쟁에 사용됨, 주로 육상 공격용으로 사용 ② 영국에서 최초로 전차를 선보임 ③ 독일의 유명한 잠수함 U보트(무차별 공격으로 미국의 참전을 야기) ④ 독일의 독가스 공격
결과	① 연합군의 승리 ② 독일에 혁명이 일어나 황제가 폐위됨
조약	베르사유 조약(독일의 항복으로 인한 강화조약, 독일에게 막대한 보상금과 무거운 조치가 취해짐)
영향	① 군사력의 중요성에 대해 절감하게 된 유럽의 열강들이 앞다퉈 군비 확장 ② 제2차 세계 대전의 빌미를 제공 ③ 일본의 국제 사회에서의 성장(태평양 전쟁의 빌미를 제공)

제2차 세계 대전	비교
히틀러의 등장, 독일의 재군비 선언과 군사력 확충, 독소불가침 조약	배경
① 세계 경제 공황으로 인한 전체주의 출현(독일, 이탈리아, 일본) ② 히틀러의 야욕과 프랑스, 영국 등 유럽 열강들의 미온적인 태도	원인
독일의 폴란드 침공(1939년)	발단
① 뒹케르크 철수(영국과 프랑스 연합군과 독일군과의 최초의 교전으로써 영국과 프랑스 연합군은 순식간에 밀려 뒹케르크에서 영국 본토로 철수하게 됨, 이후 파리 함락) ② 노르망디 상륙 작전(미국의 아이젠하워 장군이 계획한 작전, 파리 수복)	유명한 전투
① 히틀러(독일의 독재자, 제2차 세계 대전을 일으킨 장본인) ② 처칠(영국의 수상, 독일과 끝까지 맞섬) ③ 드골(프랑스가 독일에 굴복하자 영국으로 망명, 끝까지 독일에 대항하고자 했던 프랑스의 장군) ④ 아이젠하워(미국의 명장, 노르망디 상륙 작전 계획) ⑤ 도조 히데키(일본의 수상, 진주만 기습으로 태평양 전쟁을 일으킴)	당시 인물
① 공군력의 중요성 강조, 유명한 공군기가 등장(영국의 스피트파이어, 미국의 머스탱, 독일의 융커스 폭격기, 메서슈미트 전투기 등) ② 미국의 원자폭탄(일본의 항복을 이끌어 냄)	사용된 무기
① 독일·일본 패망, 독일 분단 ② 미국을 중심으로 한 세계가 형성됨	결과
포츠담 선언(일본에 무조건 항복을 권하는 선언)	조약
① 미국과 소련 양대 국가의 세계 지배 체제 확립 ② 자유 민주주의와 공산주의의 이데올로기 등장, 양측 사이의 첨예한 대립, 냉전 체제 시작	영향

세계사 용어 해설

게릴라전	적의 배후나 측면을 소규모의 유격대가 기습·교란·파괴하는 전투
공황	경제 순환 과정에서 나타나는 경제 혼란의 현상. 상품의 생산과 소비의 균형이 깨지고 산업이 침체하고 금융 상태가 좋지 않으며 파산이 속출한다.
국공 합작	중국에서, 혁명을 수행하거나 일본의 침략에 대해 투쟁하기 위하여 국민당과 공산당이 연합한 일
단두대	기요틴(guillotine). 프랑스 혁명 때 기요탱(Guillotin, J. I.)이 발명한 사형 집행 기구. 두 개의 기둥이 나란히 서 있고 그 사이에 비스듬한 모양의 날이 있는 도끼가 달려 있는 기구
동인도 회사	17세기에 유럽 각국이 인도 및 동남아시아와 무역하기 위하여 동인도에 세운 무역 독점 회사
로마 교황청	교황을 중심으로 하여 전 세계의 가톨릭 교회와 교도를 다스리는 교회 행정의 중앙 기관. 바티칸 시국에 있다.
명예 혁명	1688년에 영국에서 전제 왕정을 입헌 군주제로 바꾸는 데 성공한 혁명으로 피를 흘리지 않고 평화롭게 이룩했다 하여 명예 혁명이란 이름을 붙였다.
미국 항공 우주국 (NASA, 나사)	1958년에 미국의 우주 개발 계획을 추진하기 위하여 설립된 정부 기관
바르샤바 조약 기구	바르샤바 조약에 따라 소련을 중심으로 창설된 동유럽의 공동 방위 기구. 서유럽의 공동 방위 기구인 나토에 대항하는 것을 주요 목적으로 하였다.
발칸 반도	유럽 대륙 동남부에 있는 반도. 서쪽은 아드리아 해와 이오니아 해, 동쪽은 흑해, 남쪽은 에게 해와 접하여 있다. 대부분이 산악 지대이고, 정치적으로 유럽에서 가장 불안정한 곳이며 경제적으로는 후진 지역이다.
북대서양 조약 기구 (NATO, 나토)	북대서양 조약에 의하여 성립된 서유럽 지역의 집단 안전 보장 기구. 1949년 미국, 영국, 프랑스, 캐나다 등을 회원국으로 하여 발족하였으며, 뒤에 터키, 그리스, 서독이 참가하였다.
비정부 기구(NGO)	정부 간의 협정이 아닌, 민간 단체가 중심이 되어 만들어진 비정부 국제 조직
소비에트	러시아에서 노동자·농민·병사의 대표자가 구성한 평의회. 의회를 중심으로 한 부르주아 민주주의의 의회에 대비되는 개념으로, 인민에 의하여 자발적으로 조직·운영되는 민중 권력 기관을 뜻하였다.
아편	덜 익은 양귀비 열매에 상처를 내어 흘러나온 진을 굳혀 말린 고무 모양의 흑갈색 물질. 진통제·진경제·마취제·지사제 따위로 쓰이는데, 습관성이 강한 중독을 일으키므로 약용 이외의 사용을 법으로 금하고 있다.
인권 선언	1789년 프랑스 혁명 당시 국민 의회가 인권에 관하여 채택하여 발표한 선언. 인간의 자유·평등의 원리를 분명히 한 것으로, 불평등한 신분 제도인 봉건 제도를 공식적으로 폐지하였다는 의미를 지닌다.

입헌 군주제	군주가 헌법에서 정한 제한된 권력을 가지고 다스리는 정치 체제. 군주의 권한은 형식적·의례적이며 실질적으로는 내각에 정치적 권한과 책임이 있다.
자본주의	생산 수단을 자본으로서 소유한 자본가가 이윤 획득을 위하여 생산 활동을 하도록 보장하는 사회 경제 체제
제국주의	우월한 군사력과 경제력으로 다른 나라나 민족을 정벌하여 대국가를 건설하려는 침략주의적 경향
조약	국가 간의 권리와 의무를 국가 간의 합의에 따라 법적 구속을 받도록 규정하는 행위. 또는 그런 조문. 협약, 협정, 규약, 선언, 각서, 통첩, 의정서 따위가 있다.
주식	주식회사의 자본을 구성하는 단위
파시즘	제1차 세계 대전 후에 나타난 극단적인 전체주의적·배외적 정치 이념 또는 그 이념을 따르는 지배 체제
팔레스타인 해방 기구 (PLO)	이스라엘에 반대하여 팔레스타인의 해방을 지향하는 통일 지도 조직. 1964년에 아랍 연맹의 하부 조직으로 결성하였고, 1974년에 국제 연합 총회에서 옵서버로 승인을 받았다.
페레스트로이카	1986년 이후 소련의 고르바초프 정권이 추진하였던 정책의 기본 노선. 국내적으로는 민주화·자유화를, 외교적으로는 긴장 완화를 기조로 한다.
힌두교	인도의 토착 신앙과 브라만교가 융합한 종교 체계. 구원에 이르는 세 가지 길로 공덕, 지혜, 봉헌을 들고 있으며 사회 제도와의 연계가 특징이다.

세상 모든 시리즈

그림, 음악, 문학, 과학, 건축 등 어린이들의 생각과 꿈이 자라게 할,
좋은 밑거름이 될 이야기들을 모았습니다.
어린이들이 알고 싶은 세상 모든 이야기들이 꿈소담이 세상 모든 시리즈에 담겨 있습니다.

★한국간행물윤리위원회 추천도서 ★소년조선·조선일보 좋은책 선정도서 ★어린이도서연구회 권장도서
★한우리독서문화운동본부 권장도서 ★어린이책연구소 권장도서 ★책교실 좋은 어린이책 권장도서
★어린이문화진흥회 선정 좋은 어린이책 ★부산시 교육청 책 읽는 학교 추천도서 ★아이북랜드 추천도서

1. 세상 모든 화가들의 그림 이야기 | 2. 세상 모든 음악가의 음악 이야기 | 3. 세상 모든 작가들의 문학 이야기 | 4. 세상 모든 과학자의 과학 이야기 | 5. 세상 모든 발명가의 발명 이야기 | 6. 세상 모든 환경 운동가의 환경 이야기 | 7. 세상 모든 수학자의 수학 이야기 | 8. 세상 모든 철학자의 서양 철학 이야기 | 9. 세상 모든 철학자의 동양 철학 이야기 | 10. 세상 모든 CEO의 경영 이야기 | 11. 세상 모든 탐험가의 탐험 이야기 1 : 세계 지도를 완성하다! | 12. 세상 모든 탐험가의 탐험 이야기 2 : 인간의 한계에 도전하다! | 13. 세상 모든 경제학자의 경제 이야기 | 14. 세상 모든 법률가의 법 이야기 | 15. 세상 모든 성인들의 종교 이야기 | 16. 세상 모든 사람들의 소중한 이야기 | 17. 세상 모든 사람들의 아름다운 이야기 | 18. 세상 모든 사람들의 사랑 이야기 : 한국편 | 19. 세상 모든 사람들의 사랑 이야기 : 외국편 | 20. 세상 모든 건축가의 건축 이야기

전 20권 | 각 권 8,800원

www.dreamsodam.co.kr

생각쟁이들이 열고 싶어하는
철학꾸러미 시리즈

창의력 쑥쑥! 논리력 쑥쑥! 사고력 쑥쑥!
생각의 바다를 헤엄치는 철학 물고기를 잡아요!

머릿속을 헤엄치는 **가치 물고기**
강여울 글 | 김은하 그림
한국간행물윤리위원회 선정 청소년 권장도서
어린이문화진흥회 선정 좋은 어린이 책

머릿속을 헤엄치는 **창의 물고기**
최은규 글 | 김은하 그림
청와대 어린이신문 푸른누리 추천도서
어린이문화진흥회 선정 좋은 어린이 책

머릿속을 헤엄치는 **논리 물고기**
양대승 글 | 김은하 그림

각권 200p 내외 | 각권 9,000원

www.blog.naver.com/sodamjunior

고학년 인성 시리즈

제대로 된 인성교육은
삶의 가치를 바꾸어 놓습니다.

**바른 인성을 가진 아이가 밝은 미래를 이끌어 갑니다.
스스로 정의롭고 아름다운 인성을 가꿀 수 있는 방법을 가르쳐 주세요.**

"내 마음이 자라는 게 보이나요?"

소중한 어린이들의 마음에 밝은 꿈과 희망, 자신감을 심어 줍니다.

★한국문화예술위원회 선정 우수문학도서 | ★어린이문화진흥회 선정 좋은 어린이 책 | ★한우리 선정 굿북

① 참 아름다운 생명 | ② 진심으로 통하는 마음 우정 | ③ 세상을 밝히는 별 양심 | ④ 따뜻한 사랑의 시작 관심 | ⑤ 할 수 있다는 믿음 자신감 | ⑥ 행복을 빼앗는 괴물 폭력 | ⑦ 감출수록 늘어나는 허물 거짓말 | ⑧ 지친 몸과 마음이 보내는 신호 짜증 | ⑨ 성공한 사람에게 없는 것 게으름 | ⑩ 제멋대로 들썩대는 뿔난 마음 고집

각권 160쪽 내외 | 각권 9,000원

www.dreamsodam.co.kr

청소년 교양도서

사랑스런 10대들의
영화보다 영화 같은 이야기!

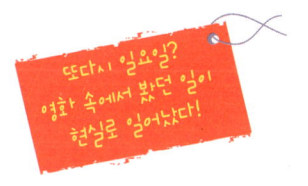

8월의 7번째 일요일

다시는 맞이할 수 없는 월요일을 되찾기 위해
고군분투하는 프레디의 시간 여행

자비네 루드비히 지음 | 함미라 옮김 | 332쪽 | 값 10,000원

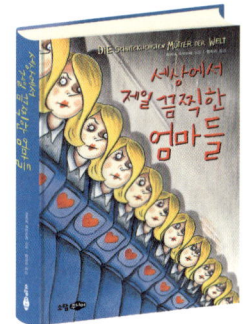

세상에서 제일 끔찍한 엄마들

사라진 엄마를 찾아 나선 아이들의
험난한 여정!

자비네 루드비히 지음 | 함미라 옮김 | 432쪽 | 값 10,000원

레크리스 _ 거울 저편의 세계

유럽에서 가장 사랑 받는 작가 코넬리아 푼케와
영화 '해리포터'와 '셜록홈즈'의 제작자인
리오넬 위그럼이 새롭게 창조한 판타지 소설!

코넬리아 푼케 지음 | 함미라 옮김 | 480쪽 | 값 13,800원

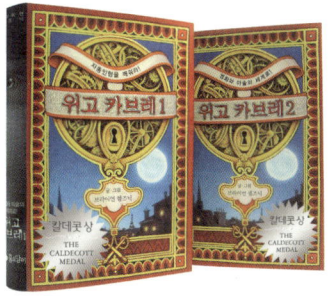

칼데콧상 THE CALDECOTT MEDAL   **2011년 영화 개봉 예정!**

위고 카브레 _ 1, 2

돌아가신 아버지의 뒤를 이어 신비의 자동인형을 고치겠다고 다짐했지만
열두 살 위고에게는 아직 버겁기만 한데…
자동인형에 얽힌 비밀을 풀어가며 만난 조르주 할아버지의 정체는?
위고를 기다리고 있는 것은 무엇일까?

1권 자동인형을 깨워라! 2권 영화와 마술의 세계로!
브라이언 셀즈닉 지음 | 각권 9,500원

www.blog.naver.com/sodamjunior

역사를 바로 알아야 세상을 바로 볼 수 있습니다.
소담주니어의 역사 이야기는 옛날이야기를 듣듯 쉽고 재미있습니다.